essentials

essentials liefern aktuelles Wissen in konzentrierter Form. Die Essenz dessen, worauf es als „State-of-the-Art" in der gegenwärtigen Fachdiskussion oder in der Praxis ankommt. *essentials* informieren schnell, unkompliziert und verständlich

- als Einführung in ein aktuelles Thema aus Ihrem Fachgebiet
- als Einstieg in ein für Sie noch unbekanntes Themenfelda
- als Einblick, um zum Thema mitreden zu können

Die Bücher in elektronischer und gedruckter Form bringen das Fachwissen von Springerautor*innen kompakt zur Darstellung. Sie sind besonders für die Nutzung als eBook auf Tablet-PCs, eBook-Readern und Smartphones geeignet. *essentials* sind Wissensbausteine aus den Wirtschafts-, Sozial- und Geisteswissenschaften, aus Technik und Naturwissenschaften sowie aus Medizin, Psychologie und Gesundheitsberufen. Von renommierten Autor*innen aller Springer-Verlagsmarken.

Weitere Bände in der Reihe http://www.springer.com/series/13088

R. Niki Harramach · Nina Veličković ·
Michael Köttritsch

Noch immer Team

Was von Corona (nicht) blieb

R. Niki Harramach
Harramach & Velickovic
Wien, Österreich

Nina Veličkovič
Harramach & Velickovic
Mödling, Österreich

Michael Köttritsch
Wien, Österreich

ISSN 2197-6708   ISSN 2197-6716   (electronic)
essentials
ISBN 978-3-658-33398-0   ISBN 978-3-658-33399-7   (eBook)
https://doi.org/10.1007/978-3-658-33399-7

Die Deutsche Nationalbibliothek verzeichnet diese Publikation in der Deutschen Nationalbibliografie; detaillierte bibliografische Daten sind im Internet über http://dnb.d-nb.de abrufbar.

Planung/Lektorat: Eva Brechtel-Wahl
Springer ist ein Imprint der eingetragenen Gesellschaft Springer Fachmedien Wiesbaden GmbH und ist ein Teil von Springer Nature.
Die Anschrift der Gesellschaft ist: Abraham-Lincoln-Str. 46, 65189 Wiesbaden, Germany

Was Sie in diesem *essentials* finden können

- Die Klarstellung, wie wir Arbeitsteams als „Family Groups" von Selbsterfahrungs- und Trainings-Gruppen als „Stranger Groups" unterscheiden und dass wir in diesem Buch nur die Entwicklung von Arbeitsteams behandeln.
- Die Klarstellung, dass Social Skills nur im Präsenzformat erfolgreich trainiert und erlernt werden können – und dass daran auch die Corona-Pandemie nichts geändert hat.
- Die Grenzen, inwieweit Teamentwicklung von Arbeitsteams durch digitale Medien unterstützt werden können durch STOP und GO und & Kennzeichnung.
- 42 spezielle TIPPS für Teamentwicklung auch, aber nicht nur auf Basis unserer Erfahrungen aus der Corona-Pandemie.
- Wir verweisen immer wieder auf unser Grundlagenwerk *„Wir sind Team, Springer 2019"*, das auf Basis unserer über 35 Jahre währenden Praxis und von 500 ausgewerteten Fällen mehr als 100 konkrete Methoden und Instrumente der Teamentwicklung liefert.

Inhaltsverzeichnis

Über die Autorin und Autoren

Niki Harramach geb. 1948 in Wien, promovierte zum Dr. jur. an der Universität Wien. Er ist ehemaliger Panzerkommandant, emeritierter Rechtsanwalt und gewerblicher Unternehmensberater, Supervisor, Sachverständiger für Managementtrainings und Organisationsentwicklung und OE-Lehrtrainer. Er war Gründer und Sprecher der Wirtschaftstrainer, später auch der Wirtschaftscoaches in der Wirtschaftskammer Österreich. Er ist Verfasser vieler Fachartikel insbesondere in den Bereichen Social Skills, interaktive Verhaltenstrainings, Diversity Management, Rechtsfragen und Erfolgskontrolle im Bildungsbereich. Er ist (Co-)Autor diverser Bücher, zuletzt *Management Absurd, Springer 2014* und *Wir sind Team, Springer 2019*. 2017 wurde ihm wegen besonderer Verdienste um die Erwachsenenbildung in Österreich der Professorentitel verliehen.

Michael Köttritsch geb. 1975 in Waidhofen an der Ybbs/Niederösterreich, hat sein Jus-Studium an der Universität Wien absolviert. Er ist Leiter des Ressorts „Management & Karriere" der österreichischen Tageszeitung „Die Presse". In seiner wöchentlich erscheinenden Kolumne „Sprechblase" spürt er Phrasen des Managementsprechs auf- und nach. Der eingetragene Mediator, Coach, Autor und Vortragende ist seit 2010 in der Erwachsenenbildung tätig und seit 2012 Leiter der „Presse"-Lehrredaktion. Er moderiert u. a. bei den Sommergesprächen in Alpbach. Er ist Co-Autor von *Wir sind Team, Springer 2019*.

Nina Veličković (vormals Marvalics), geb. 1982 in Wien, absolvierte das Studium der Psychologie an der Universität Wien. Sie ist Unternehmensberaterin, systemische Coach und akkreditierte Wirtschaftscoach, Klinische & Gesundheitspsychologin und Lebens- und Sozialberaterin und Supervisorin in der ÖVS. Sie war die erste gewerbliche Wirtschaftstrainerin in Österreich und jüngste Verhaltenspsychotherapeutin und Lehrtherapeutin für Verhaltenspsychotherapie. Sie absolvierte einen Schauspielkurs zum Theater der Unterdrückten nach Augusto Boal bei Michael Thonhauser und setzt diese interaktiven Fertigkeiten in ihren Seminaren und Einzelarbeiten um. Sie entwickelte mit Niki Harramach und Manfred Kohlheimer ein Modell zur Anwendung der Rangdynamik in der Wirtschaft. Sie ist Verfasserin diverser Publikationen, zuletzt *Wir sind Team, Springer 2019.*

Abkürzungsverzeichnis

4PK	4-Phasen-Konzept
ABGB	Allgemeines Bürgerliches Gesetzbuch
asap	as soon as possible
DSGVO	Datenschutzgrundverordnung
EKR	Erweiterter KommunikationsRaum
F	Führende(r)
KO-KO	KOnflikt & KOoperation
KVP	Kontinuierlicher VerbesserungsProzess
MA	Mitarbeiter*innen
MbO	Management by Objectives
MI	Management Inszenierung
OKR	Objectives & Key Results
$Q = (E = A)$	Qualität = die Erfüllung der Anforderungen
TAG	Teilautonome ArbeitsGruppen
TE	TeamEntwicklung
TEK	TrainingsErfolgsKontrolle
TEler	Teamentwickler*innnen
TM	Teammitglieder
TN	Teilnehmer*innnen
usw	und so weiter
VUCA	Volatile Uncertain Complex Ambiguous

Abbildungsverzeichnis

Einleitung 1

Dies ist das riskanteste Buch, das wir bisher geschrieben haben. Verfasst im Herbst 2020 wird es wahrscheinlich im Frühjahr 2021 erscheinen. Das wäre an sich noch nichts besonders Neues. Aber dieses Buch beschreibt Empfehlungen und TIPPS für Teamentwicklung für die Zeit *nach* der Corona-Pandemie. Dieses Buch ist eine Prognose – und das in eine ungewisse Zukunft. Aber ist sie das nicht immer?

Die Aussage: *„Prognosen sind schwierig, besonders wenn sie die Zukunft betreffen"*, wird ja etlichen zugeschrieben wie *Karl Valentin, Mark Twain, Winston Churchill, Niels Bohr, Kurt Tucholsky* u. a. m. Sie hat also sicher keine kurze Halbwertszeit ihrer Gültigkeit. Dennoch: Prognosen betreffend Covid-19 haben einen besonderen Schwierigkeitsgrad. Es war in der in der *„Schreib-Zeit"* nicht einmal sicher, ob die Pandemie in der *„Ziel-Zeit"* schon mittels Impfung eingedämmt sein wird.

Schon im ersten halben Jahr der Corona-Pandemie sind (nicht gerade über-raschend) enorme Hindernisse für professionelle TE aufgetaucht: TE-Trainings können sinnvoll fast nur im Präsenz-Format durchgeführt werden. Das war schon immer klar (den professionellen TElern zumindest), wurde aber durch Covid-19 erst so richtig spürbar – zumindest im Lockdown: Keine Präsenz-Seminare mehr!

Blitzartig ergaben sich im Zuge des zum **„Digital Boost"** ausgewachsenen Mainstreams zahlreiche Lösungen (gar nicht so neu übrigens): ViKos – Video-konferenzen. Zahlreiche digitale Tools standen sofort zur Verfügung. Aber leider: Bei genauer Betrachtung waren und sind diese für TE letztendlich untauglich. Wieso: Davon handelt dieses Werk.

Für diejenigen, die dies erkannt hatten, hieß es: Naja, dann muss man eben für ein paar Monate damit aussetzen. (Wie es bald schien, für mehr als ein paar Monate.)

R. N. Harramach et al., *Noch immer Team,* essentials,
https://doi.org/10.1007/978-3-658-33399-7_1

Für diejenigen, die dies nicht erkannt hatten, hieß es: Naja, dann machen wir das eben doch über digitale Medien. (Das war allerdings die schlechtere Variante, weil Krücken doch nicht das wirkliche Gehen ersetzen, selbst wenn – und noch schlimmer – man das nicht erkennt.)

Und jetzt kommt die Pädagogik „ins Visier":

Die Folgen waren: **Home schooling, distance learning,**

- Schulen wurden massiv aufgerüstet – EDV-mäßig wohlgemerkt
- In der beruflichen Weiterbildung schießen Online-Seminare, auch was Führung und Teamwork betrifft, wie Schwammerln aus dem Boden)

Das ist grundsätzlich positiv, aber was heißt das für TE? Hier gilt es doch achtsam zu sein in Hinblick auf die Zukunft! Hieße das, TE ginge über digitale Medien? Das wird es wohl nicht sein können!

Auch aus diesen Gründen wegen der Bedrohungen der TE für die **Zeit „danach"** (nach der Pandemie nämlich) schrieben wir dieses Buch, denn:

Die Teamentwicklung ist ein Stiefkind von Gruppendynamik und Systemtheorie und die dafür notwendigen Social Skills sind ein Stiefkind der Pädagogik.

Und die TE ist immer noch in der Gefahr, nicht professionell wahrgenommen zu werden, mehr denn je zuvor.

In unserem Grundlagenwerk *„Wir sind Team"* haben wir ja schon aufgezeigt, dass

a) es in der **Gruppendynamik** an der notwendigen Unterscheidung zwischen „Gruppen" im Allgemeinen und „Teams" im Besonderen mangelt;
b) in der **Systemtheorie**
   - Teamentwicklung fast gänzlich ausgeblendet ist und auch dort Teams ohne Unterscheidung wie Gruppen behandelt werden und
   - es an der notwendigen Unterscheidung zwischen Menschen und Organisationsformen mangelt.
c) In diesem Werk ist vor allem die **Pädagogik** dran. Hier wird anscheinend nicht zwischen Wissenserwerb und Erfahrungslernen unterschieden. Das mag auch daran liegen, dass in der Schule Social Skills kein explizites Fach, schon gar nicht ein Hauptfach sind. *„Wo kein Ziel, da kein Weg!"* könnte ein Grund dafür sein.

Eine Fertigkeit zu **lernen,** ist etwas anderes als sie **anzuwenden**
Daher:
Teamentwicklung ist nicht **Teamarbeit.**

Selbst wenn wir mit Unternehmern oder auch Kollegen sprechen, haben wir den Eindruck, dass es an der notwendigen **Unterscheidung zwischen Teamwork und Teamentwicklung** mangelt. Teamwork kann natürlich – wenn es denn sein muss – auch über digitale Medien betrieben werden, *Teamentwicklung* (= das Erlernen von Teamwork) aber *nicht!*

Über **digitale Medien** kann man
Teamarbeit zu 80 % ausüben,
Teamentwicklung lernen zu 80 % **nicht.**
Teamwork besteht aus viel **Hirn-Werk** und auch reichlich **Hand-Werk.**
Teamentwicklung besteht aus reichlich **Hirn-Werk,** aber viel mehr **Hand-Werk.**
Hirn-Werk wird hauptsächlich durch **Wissensvermittlung** angereichert,
Hand-Werk hauptsächlich durch **Erfahrungslernen.**
Wissen ist oft (auch nicht immer) eine notwendige, aber *niemals* eine hinreichende Bedingung für *Können.*
Fußballer müssen ja auch nicht spielen wissen, sondern können!

Wir werden daher in diesem Werk

a) an geeigneten Stellen anmerken,
   GO wofür digitale Vermittlung sehr gut bis gut geeignet ist,
   STOP was nur im Präsenzformat vermittelt (= gelernt) werden kann und
   & wofür sich blended learning eignet (sich schon immer geeignet hat);
b) möglichst viele *Beispiele* und praktikable konkrete **TIPPS** geben.

Der Hauptteil dieses Buches wird demgemäß **Pragmatisches** im Abschn. 3 sein.
Davor werden wir aber im Abschn. 2 **Grundsätzliches** zu behandeln haben. Dies ist schon deswegen einsehbar notwendig, glauben wir, weil die derzeitige Situation (gemeint ist diejenige, in der wir dieses Buch – wiederum aus dann maliger Sicht – geschrieben haben werden, „*Schreib-Zeit*" nennen wir diese) eine ganz und gar andere ist, als die „*Ziel-Zeit*" dieses Werkes sein wird. Die Covid-Pandemie wird unsere Wahrnehmung generell verändert haben werden. Andere Phänomene werden in den Vordergrund getreten sein, anderes Handeln möglich und sogar notwendig geworden sein.

Zum Abschluss gibt es noch im Abschn. 4 zwei **juristische Exkurse** und zwar – aus durchaus gegeben Anlässen – über Fehlermanagement und Digitale Kommunikation.

Wir mussten uns selber anstrengen, unsere potenzielle Wahrnehmung so abzuändern, dass sie der in der Schreib-Zeit noch hypothetischen Situation der Ziel-Zeit 2021 ff. hoffentlich entsprechen wird. Viele neurobiologischen Phänomene und letztlich auch das sehr stabile Phänomen der *„Gegenwartseitelkeit"* (Begriff von *Matthias Horx, siehe Abschn.* 2) stehen dem entgegen – zumal dann, wenn diese Wahrnehmung und die daraus abgeleiteten Handlungsempfehlungen eben für die zukünftige Gegenwart realistisch sein sollen.

Gerade dieses hoffen wir jetzt, im Herbst 2020.

P.S. Wir nehmen nicht nur im Titel dieses Buches *„Noch immer Team"* auf unser Grundlagenwerk *„Wir sind Team"* Bezug, sondern klarerweise in vielen Verweisungen. Auch in der Gliederung halten wir uns weitestgehend an unser Grundlagenwerk, um dessen Lesern zu ermöglichen, Ergänzungen und Änderungen leicht zuordnen zu können. Wir haben versucht, ein grundsätzlich ausreichendes Verständnis für professionelle erfolgreiche TE auch für den Fall zu vermitteln, dass Sie das Grundlagenwerk nicht (gelesen) haben. Dadurch ist an einigen Stellen auch zu Wiederholungen gekommen. Die Leser unseres Grundlagenwerks mögen dies als spezielle Betonung von Abschnitten werten, die uns besonders wichtig scheinen.

Für Rückfragen stehen wir aber gerne zur Verfügung – siehe unsere Kontaktdaten unter „Über die Autoren". Wir freuen uns natürlich auch über Anregungen, Anmerkungen und Ergänzungen – sogar über Widerspruch.

Wir wünschen viel Erfolg bei der Umsetzung unserer Empfehlungen!

Niki Harramach, Michael Köttritsch, Nina Veličković

Grundsätzliches

2

Gegenstand dieses Buches ist **TE – Teamentwicklung.**
Die Corona-Pandemie hatte 2020 die TE stark getroffen. Kern jeder TE ist die Aus-und Weiterbildung von „**Social Skills**" wie Führung, Kommunikation, Konfliktmanagement, Motivation und Teamwork selbst.

STOP Social Skills können *nicht digital* trainiert werden. Es handelt sich dabei um Verhaltenstrainings. Sie können nur im Präsenzformat wirkungsvoll durchgeführt werden.

Am besten eignen sich Methoden des **Experiential Learning**/des **Erfahrungslernens** wie insb. Outdoor-Trainings und Planspiele (aber auch hier möglichst nicht solche, die über EDV gespielt werden). In unserem Grundlagenwerk „*Wir sind Team*" haben wir diese Methoden und Instrumente beschrieben.
Zitat: „Durch das Homeschooling habe sich die Rolle der Lehrer als auch der Schüler verändert. Die Chancen stehen gut, dass diese Veränderung von Dauer ist." (Andreas Lechner in der Standard 23./24. Mai 2020).
Anm.: Hoffentlich führen diese Erfahrungen aus dem Homeschooling nicht zu einem Rückschlag betreffend die für Teamwork so wichtigen Social Skills. In der Schule waren diese Themen ja schon bisher kein Fach, schon gar kein Hauptfach. *(Siehe nachstehend insb. zu 3.3.1).*

© Der/die Autor(en), exklusiv lizenziert durch Springer Fachmedien Wiesbaden GmbH, ein Teil von Springer Nature 2021
R. N. Harramach et al., *Noch immer Team,* essentials,
https://doi.org/10.1007/978-3-658-33399-7_2

2.1 Team

„Die Gruppendynamik" sorgt seit mehr als sieben Jahrzehnten für Verwechslungsgefahr mit den Begriffen **„Gruppe"** und **„Team"** in dem von uns gemeinten und verwendeten Sinn.

Wenn wir in diesem Werk von „Team" sprechen, dann meinen wir damit **Arbeitsteams,** das sind natürlich auch Gruppen, aber ganz spezifische. Solche nämlich, deren Mitglieder tagtäglich zusammenarbeiten (sollten). In unserem Jargon nennen wir solche Formationen **„Family Groups".** Damit meinen wir nicht die Formation der (Bluts-)Familie, sondern verwenden diesen Begriff zur Unterscheidung von den Gruppenformen „Stranger Groups" und „Cousin Groups".

Stranger Groups sind Gruppen von Teilnehmern an Schulungen, Seminaren, Trainings etc., die im Arbeitsleben grundsätzlich nichts miteinander zu tun haben, sich im Regelfall gar nicht kennen.

Beispiel

Selbsterfahrungsgruppen, gruppendynamische Trainingsgruppen.
Cousin Groups sind Gruppen von Teilnehmern, der selben (großen) Organisation angehören, im Normalfall aber nicht alltäglich zusammenarbeiten, sich oft gar nicht kennen. ◄

Beispiel

Ein Seminar für Nachwuchsführungskräfte einer Unternehmensgruppe. ◄

Bei **Family Groups** unterscheiden wir wiederum zwischen (Abb. 2.1).

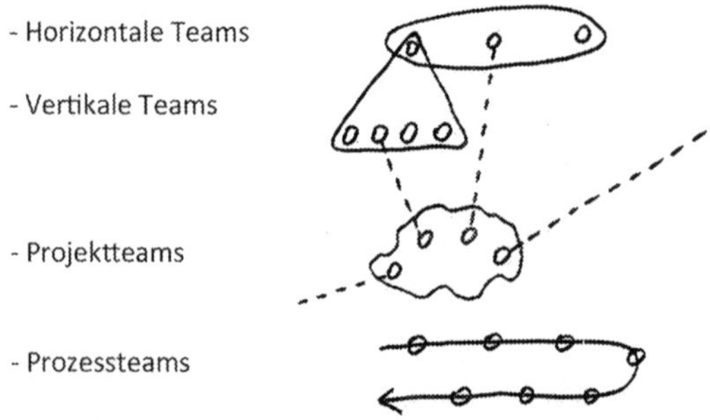

Abb. 2.1 Hauptformen von Teams. (Nach Harramach)

- Horizontale Teams

- Vertikale Teams

- Projektteams

- Prozessteams

> ▷ **TIPP** Unterscheide „Stranger Groups" – „Cousin Groups – Family Groups"!

All diese – und auch noch andere – Begriffe werden eindeutig zu verstehen und zu verwenden sein, um jahrzehntelang bestehende Verwirrungen und von Vermischungen zu vermeiden!

Die gravierendste und leider auch häufigste – und durchaus folgenschwere – Vermischung findet schon zwischen den Grundbegriffen „Gruppe" und „Team" statt. Beide Begriffe werden in Literatur und Lehre oft ohne Unterscheidung und sogar synonym verwendet. Das ist so sinnwidrig, als würde man in einem Atemzug ohne Unterscheidung von „Lebewesen" und „Menschen" sprechen.

2.2 Verirrende Konstrukte

Etliche „*verirrende Konstrukte*", wie wir sie nennen, weil sich viele Betroffene durch sie verirren, nicht nur verwirrt werden, haben wir schon in unserem Grundlagenwerk „*Wir sind Team*" aufgezählt und beschrieben.

Durch die Corona-Pandemie haben sich gar nicht neue Begriffe nunmehr doch derart etabliert, dass wir glauben, die dadurch möglichen Verirrungen beleuchten zu müssen.

2.2.1 Virtuell – Real

Das gilt einmal für den Begriff „*virtuell*". In dieser Form wird „Irreales" suggeriert. In Wahrheit ist Virtuelles aber ganz „*real*".

Beispiel

Wenn jemand zwei Stunden in einem „virtuellen" Computerspiel verbringt, dann hat diese Person zwei Stunden ihres Lebens ganz real in diesem Kontext verbracht. Zwei Stunden eines Lebens (oder auch mehr oder weniger) sind IMMER REAL. ◀

Für die TE ist das eine wesentliche Begriffsklärung. Interaktive Formen des **Erfahrungslernens** bedienen sich ja der Simulation, sei es durch *Planspiele* oder *Outdoor-Übungen*. Gerade in solchen Techniken muss klargemacht werden, dass es sich dabei um Realität – wenn auch in einem Simulation-Kontext – handelt.

„Wer Spiel nur als Spiel und Ernst nur als Ernst betrachtet, hat beides nicht verstanden", lautet ein bekannter Spruch *(nach Dietrich Dörner, 1989).*

2.2.2 Künstliche Intelligenz

Selbstverständlich ist auch die *„KI – Künstliche Intelligenz"* noch öfter im Fokus der öffentlichen Wahrnehmung als schon bisher.

Darunter werden sogenannte *„selbstlernende"* Programme verstanden.

Die Meinungen, inwieweit es so etwas wie KI tatsächlich gibt oder ob Maschinen doch nur innerhalb von Menschen programmierter Vorgaben funktionieren können, gehen auseinander.

Anm.: Uns wird das in diesem Werk nicht beschäftigen, weil das auf unser Thema TE keine relevanten Auswirkungen hat.

Im Exkurs 4.2. Digitale Kommunikation werden wir uns nur mit derjenigen Rechtslage beschäftigen, wie sie im Herbst 2020 bestanden hat.

2.3   Eigentümerschaft

▷   **WICHTIG** Teams sind keine Lebewesen, sondern Sachen. Sie gehören jemandem und können auch verkauft werden – so wie gesamte Organisationen/Unternehmen auch.

Sie sind aber *Menschen*-Systeme. Wir arbeiten immer mit Menschen, auch wenn wir auf das System *„Team"* fokussieren. *(Siehe unverändert unsere Ausführungen in „Wir sind Team", 1.3).*

2.4   Mitgliedschaft

Durch *Home Office* ist die *„partielle Inklusion"* deutlicher geworden. Darunter versteht man, dass die TM generell nur denjenigen Teil ihrer *„Person"* (genauer: des damit verbundenen Handlungsrepertoires) in das Team einbringen müssen, welcher für die Teamarbeit relevant ist. Spezielle persönliche Eigenheiten und Vorlieben können außen vor bleiben – ja, müssen das sogar.

Beispiel

Der äußerst disziplinierte Kommandant der Antiterroreinheit kann und muss seine zugleich sensiblen wie chaotischen Seiten in seinem Hobby, der Malerei, ausleben, nicht im Job. ◄

In Corona-Zeiten musste die Abgrenzung zwischen Privat und Beruflich im Home Office noch mehr beachtet werden – in etlichen Fällen sogar noch gemeinsam mit Home Schooling und anderen Home Duties.

2.5 Neurobiologisches

Welche Möglichkeiten bieten digitale Medien für **Psychotherapie** einerseits und **Training/Coaching** andererseits?

In beiden Bereichen gilt es neben technischen Möglichkeiten („Tools") und juristischen Rahmenbedingungen (wie zB. Datenschutz) auch neurobiologische und psychologische Komponenten miteinzubeziehen.

Hier hat die Autorin die Erfahrung gemacht, dass eine wichtige Voraussetzung für die Akzeptanz und die Wirkkraft digitaler Interventionen die psychische Struktur der betroffenen Menschen sind. Während gut strukturierte Personen die Angebote gut für sich nutzen können, scheint es bei schlechter strukturierten Personen Schwierigkeiten zu geben. Wichtige Informations- und Wahrnehmungskanäle werden nicht ausreichend bedient.

Diese Erfahrungen beziehen sich auf Einzelsitzungen. Bei Formaten mit mehreren Menschen gelten diese Erfahrungen auch, nur werden sie erweitert. Hier gilt es, auch die Informationsverarbeitung gut strukturierter Menschen zu beachten. Durch den digitalen Raum wird die emotionale Distanzierung unterstützt, und der Sitzungsleiter hat oft wenig Möglichkeit, dies zu bemerken und dementsprechend zu intervenieren. Emotionsfokussiertes Arbeiten wird dadurch noch schwieriger.

Auf mehrere Personen zu fokussieren, erfordert eine höhere Konzentration und Aufmerksamkeit als in Coachings oder Trainings im Präsenzformat. Die Anzahl der möglichen Trainingsinterventionen ist sehr beschränkt.

Erfahrungslernen wie bei Outdoor-Trainings oder Planspielen gibt es nicht. So können Teammitglieder keine gemeinsamen Aufgaben bewältigen, die *tatsächliche* Handarbeit benötigen. Und nur dieses motorische Erleben im Lösen gemeinsamer Aufgaben macht es möglich, ein völlig neues Wir-Gefühl zu erleben. Psychische Prozesse werden angestoßen, die durch das rein kognitive

Reflektieren nicht erlebt werden können. Es kann nicht erfahren werden, dass eine Aufgabe besser gelöst wird, weil ein Teammitglied die Hand austreckt, um mir zu helfen, ein Hindernis tatsächlich zu überwinden. Auch bestimmte Themengruppen wie beispielsweise Konflikte können in einem digitalen Format nur kognitiv bearbeitet werden, da der sprichwörtliche Raum fehlt, sie emotional spürbar werden zu lassen.

Menschen sind von Geburt an soziale Wesen. Sie benötigen den menschlichen Kontakt wie Nahrung für die Seele. Ohne Zuwendung verkümmern sie. Bei Kindern ist bekannt, dass sie den persönlichen Kontakt brauchen, in allen Sinnesqualitäten. Erwachsene Menschen benötigen diesen nicht mehr in der gleichen Häufigkeit und Intensität und doch kommen auch sie nicht ohne persönliche Beziehungserfahrungen aus. Menschen haben ein natürliches Bedürfnis nach emotionaler Resonanz. Resonanzphänomene sind zwar durchaus auch über digitale Medien möglich, jedoch gibt es Einschränkungen. Durch das mangelnde gemeinsame physikalische Welterleben fehlt eine wichtige Erfahrungskomponente.

Eine weitere Schwierigkeit bei digitalen Medien ist, dass sich Teilnehmer aus dem Prozess herausnehmen können, indem sie offline gehen. Dies ist eine völlig neue Herausforderung für alle Beteiligten. Wie damit umgehen als Leiter oder Teilnehmer?

EMPFEHLUNGEN:
Eine einfache Sprache verwenden!
Weniger Inhalte in eine Sitzung packen!
Die Sitzungen kürzen!
Mehr Rückkoppelungsschleifen fahren!
Visualisierungshilfen einsetzen!

2.6   Komplexität und Trivialisierung

Immer häufiger werden unsere gegenwärtigen Zeiten „*VUCA*" genannt. Ein Akronym für

Volatile
Uncertain
Complex
Ambiguous.

Der zentrale Begriff ist wohl die **Komplexität.**

*Anm.: Streiten kann man darüber, ob die Welt heute mehr VUCA ist als früher. Vieles ist heute viel gesicherter und sicherer und eindeutiger als früher. Jede Generation hat noch geglaubt, sie lebe in der schwersten aller Zeiten. Daher sollte das Phänomen der „**Gegenwartseitelkeit**" beachtet werden. So bezeichnet Matthias Horx das Bedürfnis jeder Generation, in einer exklusiven Schlüsselzeit zu leben. (Horx 2011).*

Immer schon haben Menschen versucht, ihr Leben so zu organisieren, dass es sicherer und einfacher abläuft. Sie haben daher auch schon immer versucht, die Komplexität des Lebens (die ja schon immer bestanden hat) mehr in den Griff zu bekommen.

So sind Hierarchie, Rechtsordnung, überhaupt alle Regelwerke, Organisationen entstanden, Staaten, Religionen, Zünfte, usw. Zum gemeinsamen Erwerb sind Wirtschaftsorganisationen = Unternehmen geschaffen worden mit Arbeitsteilung und damit dem Vorteil, parallel statt bloß sequenziell arbeiten zu können, mit Hierarchie zur Vereinfachung von Führung, Kommunikation und Konfliktregelung, mit Regelung von Zuständigkeiten, Kompetenzen und Verantwortungen und all den damit verbundenen vor allem rechtlichen und finanziellen Regeln.

All dies nennen wir „**Trivialisierungsmethoden".** Ihr Sinn und Zweck ist, das Arbeitsleben zu vereinfachen.

Auch Arbeitsteams sind solche Konstrukte der Trivialisierung. Um ihren Zweck zu erfüllen, müssen sie die **Komplexität** des Arbeitslebens **angemessen reduzieren.** „Angemessen" heißt: So einfach machen wie möglich – aber doch mit einer zur Steuerung ausreichenden *Handlungsvarietät (Ashby´s Law* nach *W. Ross Ashby) (Ashby, 1956).* Oder nach *Albert Einstein: „Man soll die Dinge so einfach wie möglich machten, aber nicht noch einfacher."*

2.7   Zeit

Chronometrisch hat sich „die Zeit" nicht verändert, möglicherweise aber in der individuellen Wahrnehmung vieler Menschen. Oft wird jetzt von *„Parallel-Welten"* gesprochen – gemeint sind die sogenannte *„reale"* und die *„virtuelle"* Welt. Faktisch ist das natürlich Unsinn. Denn erstens ist auch das Virtuelle immer real – sonst wäre es nämlich gar nicht existent. Und zweitens gibt es in einen Zeitpunkt immer nur *eine* Welt und keine zweite zugleich.

Wir werden uns mit dieser *„Hysterisierung"* und Mitteln dagegen noch im Abschn. 3.3.8 beschäftigen.

2.8   Beratung

GO Beratung wird vermehrt sowohl für den Umgang mit digitalen Medien als auch über diese selbst durchgeführt.

STOP **Verhaltenstrainings** können erfolgreich grundsätzlich nur im Präsenz-Format durchgeführt werden.

2.9   Mainstreams

Unter *„Mainstreams"* verstehen wir diejenige Wahrnehmung und Meinung von Phänomenen, Interpretation von Begriffen, Verwendung von Modellen, Methoden und Instrumenten, die von der Mehrheit getragen wird.

Schon in unserem Grundlagenwerk haben wir solche Mainstreams beleuchtet und dargestellt, ob und inwieweit wir sie für nützlich, hinderlich oder gar – wie wir sagen – für *„verirrende Konstrukte"* halten. *(Siehe* Abschn. 2.1, 2.2.1 und 2.3.)

In die Irre führend könnte auch sein, dass uns der viel gerühmte „**Digital Boost**" den Blick darauf verstellt (insbesondere in jeglicher Form der Bildung), dass *Social Skills NICHT digital* geübt und daher gelehrt und gelernt werden können!

Eben diese Fehleinschätzungen zu verhindern, ist ein zentrales Anliegen dieses Werks. Wir werden uns daher im nächsten Abschnitt, welcher der praktischen Umsetzung der TE gewidmet ist, immer wieder mit den Grenzen der Entwicklung von Social Skills beschäftigen, diese konkret aufzeigen und damit versuchen klarzumachen, was sich auch durch die Covid-19-Pandemie in diesem Bereich *nicht* **geändert hat.**

▷   **TIPP** *Social Skills* **können nicht** *digital* **geübt und daher gelehrt
    und gelernt werden!**

Vier-Phasen-Konzept

Das, was praktische Entwicklungsarbeit mit Teams von gängigen gruppendynamischen Modellen unterscheidet, ist vor allem das VORHER und das NACHHER.

Das, was die Arbeit mit und in Teams stark prägt, ist die bisherige Geschichte des Teams: die Muster der Wahrnehmung, die Verhaltensmuster = Spielzüge, die Normen der Teamkultur, die sich in der Vergangenheit gebildet haben und die derzeitige Teamarbeit grundlegend bestimmen. Noch mehr prägt die Arbeit mit und in Family Groups – insbesondere in progressiven Teams – die „drohende" Zukunft.

Daher gehört zum Einmaleins jeder TE das *Vier-Phasen-Konzept*: mit ANALYSE, PLANUNG & ENTSCHEIDUNG, DURCHFÜHRUNG und NACHBEARBEITUNG: Erfahrene TEler zeichnen sich dadurch aus, dass sie sich besonders auf die Phasen der ANALYSE und der NACHBEARBEITUNG konzentrieren. In diesen Phasen liegt auch der Schwerpunkt der Qualitätssicherung.

Methodisch ist beim Vier-Phasen-Konzept zu beachten, dass es sich dabei um ein sogenanntes „sprung-regressives" Modell handelt: Regelmäßig wird von einer Phase zu einer vorigen zurückgesprungen werden müssen; ja sogar von einem Schritt innerhalb einer Phase zum vorigen (Abb. 3.1).

▷   **TIPP** Immer das Vier-Phasen-Konzept beachten!

R. N. Harramach et al., *Noch immer Team*, essentials,
https://doi.org/10.1007/978-3-658-33399-7_3

Abb. 3.1 Vier-Phasen-Konzept

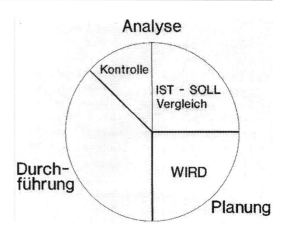

3.1 Analyse von System, Stück und Delta

So banal das klingt: Gerade in diesem Anfangsstadium werden jede Menge Fehler begangen. Und gerade die Anfangsfehler wirken sich im wahrsten Sinn des Wortes nachhaltig, das heißt bis zum Ende aus.

Daher gilt: Was in dieser ersten Phase getan oder unterlassen wird, bestimmt „end-gültig" die Qualität des Teamentwicklungsprozesses!

„Der allererste Anfang definiert den allerletzten Ausgang."

In aller Regel folgt dann als erster Schritt der Analyse ein **Vorgespräch** mit den Entscheidungsträgern für die Teamentwicklung. Dazu wird eine professionelle Vorbereitung empfehlenswert sein – je gründlicher desto besser. Darin sind zuerst einmal drei Dimensionen zu klären:

3.1.1 Systemanalyse

Stets muss das **Fokalsystem** = das zu entwickelnde System definiert sein!

▶ **TIPP** Zu jeder Zeit genau das Fokalsystem definieren! Kann im Lauf der TE auch wechseln/oszillieren.

Eine exakte Systemanalyse führt immer wieder dazu, das Beratungsgebiet zu wechseln *(z. B. von Teamentwicklung zu Persönlichkeitsentwicklung)* und/oder ein anderes Beratungsformat zu wählen *(z. B. von Teamtraining zu Einzelcoaching)*.

Beispiel

Teamentwicklung für eine Krankenhausstation mit insgesamt 20 Mitgliedern. Die Station wird von einem Führungsduo geleitet. Auch dieses Führungsduo erhält Beratung und Coaching. Das Führungsduo ist also ein eigenes, anderes System als das Gesamtsystem Station, wenn auch zugleich ein Subsystem des Gesamtteams.

In so einem Fall kann es empfehlenswert sein, mit zwei verschiedenen Beratersystemen zu arbeiten: ZB.: Ein Berater für das Führungsduo, zwei Berater für das Gesamtsystem Station (Abb. 3.2a und b). ◄

Eines der wichtigsten (äußeren und inneren) Umsysteme ist das formelle und informelle Regelwerk, welches das Verhalten der TM bestimmt.

> **TIPP** Welche Regeln gelten im Team? Woher kommen sie, wie sind sie entstanden?

Abb. 3.2a Fokalsystem
Führungs-Duo.

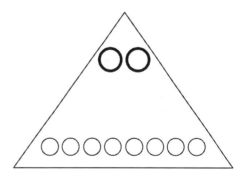

Abb. 3.2b Fokalsystem
Gesamtstation

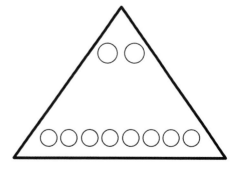

Betreffend Systemanalyse

GO *geht viel digital,*
STOP *Informelles aber besser im Präsenzformat.*

3.1.2 Das „Stück"

Für jede Teamentwicklung ist es von ausschlaggebender Bedeutung, *„das Stück"* zu kennen, welches im Team gespielt wird. Wir nennen die jeweilige Teamdynamik „das Stück" in Anlehnung an ein Theaterstück. Präziser gesagt: Man muss das gesamte *Repertoire* an Stücken kennen, welches Inhalt des Dauerspielplans des Ensembles ist.

Je nachdem muss auch der „Spielplan" für die Teamentwicklung festgelegt werden. Andernfalls können/wollen die TM nicht mit-spielen. Wobei dabei immer wieder die richtige Balance zwischen.

a) Andocken und
b) dialektischem Dagegenhalten gewahrt sein muss.

> **TIPP** Als TEler sollten Sie die typischen „Muster" identifizierten, nach denen die TM ihr Zusammenwirken gestalten.

Beispiel

Wenn es in einer Organisation Brauch ist, als erstes immer die Bosses für die Schuldigen an Missständen zu halten und Sie das als TEler in dieser pauschalierten Form nicht für adäquat halten, müssen Sie folgendes überlegen: Diese Behauptung sofort für unrichtig zu erklären, kann dazu führen, dass Ihr „Rapport" (also Ihre tragfähige Verbindung zum Kundensystem) reißt. Dann wird Ihre Arbeit dem Kundensystem schwierig werden, denn es gilt: „Die Beziehungsebene transportiert die Sachebene." (Paul Watzlawick) Das ist mit oben „Andocken" gemeint.

Wenn Sie diese Annahme der „schuldigen Bosses" aber gar nicht infrage stellen, werden Sie Ihrem Veränderungsauftrag nicht gerecht (und, wie wir annehmen, Ihrer eigenen Meinung untreu). Das ist mit „dialektischem Dagegenhalten" gemeint. ◄

▷ **TIPP** „Der Cotrainer führt die Gruppe im Widerstand!"

Eine empfehlenswerte Methode mit dem **Widerstand** von Teams oder zumindest einzelnen TM umzugehen. *(Hat der Erstautor von Raoul Schindler gelernt.)* Das heißt: Wenn sich einer der TEler mit einem (oder mehreren) TN in einen Widerspruch verwickelt, tritt der andere TEler (hier „*Cotrainer*" genannt) meinungsmäßig an die Seite des/der Widerständigen. ZB. mit den Worten: „*Niki, das war jetzt einigermaßen unverständlich erklärt.*" Dadurch schafft der Cotrainer dem Trainer die Möglichkeit, seinen (des Trainers) Standpunkt revidieren oder nochmals erklären zu können und sich so aus der „Kampfsituation" zu befreien – und dem/den Widerständigen den Eindruck mit der Gegenposition verstanden worden zu sein.

▷ **TIPP** Die im Team (= Ensemble der TM) übliche Rollenverteilung herausbekommen!

Wer hat die Hauptrolle? Hofnarr? Sündenbock? Everybodies Darling? usw., um zu wissen, mit wem Sie es oder allenfalls sich wie anzulegen haben.

Falls und solange Ihnen dies in der Vorbereitung nicht gelingt, müssen Sie in der Durchführung „Stegreif" spielen, Sie müssen also situationsangepasst extemporieren! Dazu muss man schon sehr routiniert sein.

TEler müssen Obacht geben, wie sie mit den Team-Mustern umgehen, welche Rolle sie im Team-Repertoire spielen. Manche (besonders abstinenten) TEler glauben, sie könnten durchwegs in der Zuschauerrolle verharren und müssen, darin enttäuscht, schwere Irritationen nicht nur in Kauf nehmen, sondern überwinden oder erfolglos bleiben (und dadurch möglicherweise ihren Anspruch auf Honorar verlieren). *(Siehe auch unten* Abschn. 3.3.7. *Kultur!).*

3.1.3   Das Delta

Das „*Delta*" ist die Differenz zwischen der gegebenen Ausgangslage, der IST-Situation und dem angestrebten Ziel (den Zielen), der SOLL-Situation. *Beide* Situationen müssen möglichst klar definiert sein, um die zu überwindende Diskrepanz = das zu lösende Problem = die zu bewältigende Herausforderung zu kennen – um dementsprechend die passenden Entwicklungsschritte festzulegen.

Nichts ist wichtiger für jede Maßnahme als die Ziele, die dadurch erreicht werden sollen. Es gilt:

„Clear Goals First!"
Wir verwenden die englische Sprache, weil zwei Imperative zugleich verwirklicht
sind: „Kläre zuerst die Ziele!" *und* „Zuerst klare Ziele!" (Bevor Du dich auf den
Weg machst – denn der Weg ist *nicht* das Ziel – üblicherweise.)

➤ **TIPP** Clear Goals First!

Aus mehrfachen Gründen empfehlen wir zur Definition der **Ziele** das Modell
„3Dplus"

- *Kontrollierbar:* Das entspricht dem *„measurable"*, umfasst aber auch
  „specific" und *„timely"* – ganz wichtig für die Evaluation, inwieweit die Ziele
  erreicht worden sind.
- *Mittelschwer:* Das entspricht durchaus der Dimension *„realistic"* – und ist
  wichtig für den Motivationsgrad der Ziele.
- *Zustandsbezogen:* Die Zielerreichung stellt ja einen Zustand, nicht eine Tätig-
  keit dar. Das ist nicht nur eine semantische Spitzfindigkeit. Der Weg ist eben
  in der Regel n i c h t das Ziel.

Und zusätzlich bedeutet **„plus"**, dass die Ziele soweit wie möglich zwischen den
(betroffenen) Teammitgliedern vereinbart (das ist mehr als „accepted", nämlich
„agreed") sein sollen.
    Die Ziele einer TE ergeben sich vorerst einmal aus *Vorgesprächen* mit dem
(den) Entscheidungsträger(n). Letztendlich mit dem Boss des Teams. Sie müssen
aber unbedingt mit allen TM abgestimmt sein, um die nötige Zustimmung und
Verbindlichkeit zu gewährleisten. Dazu dient die sogenannte *„Vorpräsentation"*,
bei welcher möglichst alle TM teilnehmen sollten.
    Die Formulierung und Abstimmung der Ziele kann

GO mittels digitaler Kommunikation unterstützt werden.
Vorgespräche und die *Vorpräsentation* sollen aber unbedingt
STOP im **Präsenz-Format** stattfinden.

Die Vorpräsentation dient ja mehreren Zwecken:

- mit den TM die in den Vorgesprächen erörterten Ziele diskutiert und allenfalls
  geändert und ergänzt werden

Abb. 3.3 Ebenen der TrainingsErfolgsKontrolle. (Nach Harramach)

- den TM die geplante Vorgangsweise und die vorgeschlagenen Lernmethoden präsentiert und mit ihnen diskutiert werden
- nicht zuletzt ein Screening durchgeführt wird, inwieweit „die Chemie" zwischen Trainern und Kundensystem passt und die Charakteristika des Teams festgestellt werden.

▶ **TIPP** Die Ziele sollen letztendlich Umsetzungsziele sein! (Abb. 3.3).

Es sollte sich also nicht bloß um Lernziele, oder gar nur Zufriedenheitsziele handeln. *(Siehe Niki Harramach, TrainingErfolgsKontrolle).*

▶ **TIPP** Die Ziele müssen mit den Teammitgliedern abgestimmt sein!

Die Art und Weise, wie Team-Ziele definiert werden sollen, ist schon vielfach auf dem Weg *„from Command to Control"* *(siehe 3.3.3. Führung)* und sollte das natürlich auch betr TE-Ziele so sein. Je mehr das funktioniert, desto mehr steigen die Chance darauf, diese Ziele auch zu erreichen. (Wenn die TM selber sagen: *„Das sind unsere Ziele."* Na dann, aber!) *(Siehe „Wir sind Team", „das Delta" in 2.1.3 und 4.1.3).*

3.2 Vorbereitung = Planung

Die Planungsphase umfasst im Wesentlichen drei Schritte:

3.2.1 Design

Hier geht es darum, die zu den TE-Zielen passenden *Lernmethoden* zu finden
und noch *maßgeschneidert* feinzujustieren.
Unsere Prinzipien dabei sind:

- **Nearest to the Job:** *Trainieren heißt Simulieren!*
  Für eine größtmögliche Umsetzung des Erlernten in der täglichen Arbeit
  ist es förderlich, die TE unter Bedingungen abzuwickeln, welche die realen
  Arbeitsbedingungen möglichst getreu auch im Training widerspiegeln, aber
  dennoch einen Experimentalraum eröffnen, in welchem unter professioneller
  Begleitung handfest neue Erfahrungen gemacht, reflektiert und in
  Anwendungen in die berufliche Arbeit übersetzt werden können.

> **TIPP** Trainingsmethoden des interaktiven Erfahrungslernens wie
> Outdoor-Übungen oder Planspiele verwenden!

- **Intervalltechnik:** *Keine Drei-Tages-Fliegen mehr!*
  Intervalltechnik heißt die Methode, die ihren Vorteil daraus bezieht, dass nicht
  in einem Stück, sondern in mehreren aufeinanderfolgenden Einheiten gelernt
  wird.
- Besser ist es, die TE überhaupt in mehreren Modulen (halbtägig zB.) abzuwickeln. *(Siehe „Wir sind Team", 2.2.1, S. 36)* (Abb. 3.4)

In diesem Schritt der Designentwicklung wird wohl

GO vieles digital abgewickelt werden können, aber
STOP für Absprachen mit dem Kunden wird soweit möglich persönlicher
Kontakt zu empfehlen sein. Das Trainingsdesign ist ein entscheidender und auch
kunstvoller Schritt. Im digitalen Kontakt gehen viele Nuancen unter. Das kann bei
Kundenwünschen – die sind ja Qualitätsfaktor Nr. 1 – unheilvoll sein.

Beispiel

In den Designgesprächen mit dem Kunden wird allmählich (und gar nicht
explizit ausgedrückt) klar, dass in diesem Schritt vor allem viel gemeinsames,
lustvolles Erlebnis gewünscht wird. (Der Kunde kennt uns und unsere
sehr ernsthafte Aufarbeitung der interaktiven Übungen und schätzt das
auch sehr. In diesem Entwicklungsbaustein soll es aber vor allem um Spaß

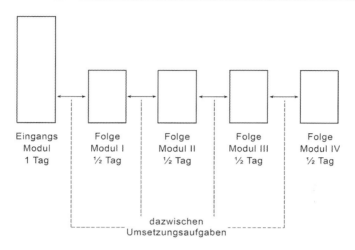

Abb. 3.4 Intervalltechnik

gehen – eine Art Incentive. Der Kunde will uns mit diesem – ihm selber fast „unseriös" erscheinenden Wunsch nicht verprellen. Dadurch kommt das alles erst langsam während der Designgespräche zu Tage.) Darauf hin reduzieren wir die Aufarbeitung der Übungen zu Gunsten mehr durchgehenden Erlebnischarakters. ◄

3.2.2 Information

Heißt: Aufklärung der TN des Teams,

- welche Ziele der TE mit dem Auftraggeber (= in der Regel der Boss des Teams) ins Auge gefasst hat und jetzt mit den TN endgültig zu vereinbaren sind;
- welche Methoden die TEler dafür planen und vorschlagen;
- was die organisatorischen Rahmenbedingungen für den Entwicklungsschritt sind.

Hier kann selbstverständlich viel

GO mithilfe digitaler Kommunikation bewerkstelligt werden. Aber.
STOP im Präsenz-Format soll *(wie zu 3.1.3. ausgeführt)* unbedingt die **Vorpräsentation** vor und mit den TN stattfinden!

3.2.3 Organisation

Heißt

* Vertragsgestaltung
* zeitliche und örtliche Rahmenbedingungen
* Organisation der Trainings-Lokation
  Hier kann vieles.

GO mithilfe digitaler Kommunikation bewerkstelligt werden, soweit es nicht.
STOP vor Ort von den Trainern organisiert werden muss.

3.3 Durchführung

3.3.1 Lernen

Im allgemeinen Sprachgebrauch wird der Begriff *„lernen"* unterschiedlich und vielfältig definiert. Lernen hat immer etwas mit Erwerb von Wissen und/oder Fertigkeiten/Fähigkeiten oder unterschiedlichen Vermischungen daraus zu tun. Die Gegenstände des Lernens sind mannigfaltig, die Ziele und die Methoden ebenso.

Gegenstand dieses Werkes ist die **TE – Teamentwicklung.** Die Themen unserer Kundensysteme, der Teams also, zu deren Entwicklung wir im Laufe der vergangenen mehr als 35 Jahren herangezogen worden sind, waren vielfältig: In etwa der Hälfte der 500 von uns ausgewerteten Fällen waren es *Social Skills,* die im Zentrum der TE standen. *(Siehe „Wir sind Team", A.2 Statistiken).*

Das lag und liegt natürlich auch daran, dass wir als Verhaltenstrainer und verhaltensorientierte Coaches bekannt sind.

Der zentrale Gegenstand unserer Arbeit war und ist es, **Verhaltensweisen** von Teammitgliedern im Rahmen ihrer Family Group zu ändern/einzuüben. Hauptsächlich handelt es sich dabei um die sogenannten *„Top Five",* das sind *Führung, Kommunikation, Konfliktmanagement, Motivation und Teamwork* an sich. Dazu zählen aber auch Verhaltensfertigkeiten wie Zeit- und Stressmanagement, Riskmanagement, Entrepreneurship und vieles im Bereich Persönlichkeitsentwicklung.

Wissen darüber kann man sich grundsätzlich rasch und gut auch

GO mittels digitaler Medien aneignen. Bloßes Wissen ist in diesen Bereichen aber höchstens eine notwendige (manchmal nicht einmal das), keineswegs aber eine hinreichende Bedingung für erfolgreiches *Verhalten.* Das kann nur durch **Training** – und zwar am besten mit interaktive Methoden des *Experiential Learning (Erfahrungslernens)* bewerkstelligt werden. Und das wiederum funktioniert **STOP nur in Präsenzform.**

Entscheidende **Faktoren** für den **Lernerfolg** sind ganz allgemein:

a) **Klare Ziele:** Auch für das Lernen gilt wie für jede Aktivität: *„Clear Goals First!"* (Siehe oben 3.1.3)
b) **Sinnhaftigkeit des Lernens**
   Erst durch die Ziele werden auch die Methoden bestimmt.
   *Anm.: So **sollte** es zumindest sein. Dieses anzumerken ist in der Seminar-Branche leider nötig. Viele Anbieter sind auf bestimmte Methoden spezialisiert. Dies ist grundsätzlich gut dafür, gute Qualität zu leisten – wenn denn die Anbieter diese Methoden nur für Ziele anböten, für deren Erreichung sie sich erwiesener Maßen eignen. Dies ist viel zu oft nicht der Fall. Die Branche ist insgesamt nicht ziel-, sondern methoden-orientiert. Trainer werden meist kontaktiert und letztendlich auch beauftragt, weil sie bei den Nachfragern als Spezialisten für bestimmte Methoden bekannt sind, für Gaming-Tools zB. oder für Executive Coaching oder für Prozessoptimierung mit Scrum, ... Zugegeben, über Trainingsziele wird zwar gesprochen, meist geht das aber nicht so weit, dass Umsetzungsziele definiert werden. Und selbst wenn: Dann müssen ja auch noch die eingesetzten Methoden zu den definierten Zielen passen! Und das ist natürlich Aufgabe der TEler!*

▷ **TIPP** Die Methoden müssen zu den Zielen passen (= „Methoden-Fit")!

Und noch etwas ist in der Praxis leider oft unterbelichtet: Ist das Lernen in der geplanten Form für die Mitarbeiter der Organisation *überhaupt sinnvoll?* D. h.: *Müssen* die Mitarbeiter das überhaupt (jetzt oder in baldiger Zukunft) können und daher lernen? Und *dürfen* sie (wiederum: jetzt oder in baldiger Zukunft) das Erlernte in der Arbeit auch tatsächlich anwenden? *(Oft herrscht ja „Vorratslernen" vor. Das ist für beide Seiten – Lernende und Organisation – gut,*

wenn es in absehbarer Zeit verwertbar sein soll und wird. Ansonsten wird „auf
Halde" gelernt. Und das ist nicht nur Geld- und Zeitverschwendung. Es ist sogar
motivatorisch kontraproduktiv. **„Überqualifizierung",** *nämlich etwas zu können,*
aber nicht anwenden zu dürfen, ist **Demotivation!**

> ▶ **TIPP** Keine „Überqualifizierung" produzieren!

c) **Persönlichkeit der Lernenden**
   Heutzutage muss schon klar sein, dass die psychische und physiologische
   Struktur von Menschen ihre **Wahrnehmung** unentrinnbar bestimmt.
   Bei der physiologischen Struktur ist das offensichtlich. Was außerhalb der
   Aufnahmefähigkeit unserer Sinne ist, können wir nicht wahrnehmen.
   Aber Achtung: Selbst in diesen Bereichen sind Veränderung durch Training
   möglich.
   Die Auswirkungen der psychischen Struktur auf die Wahrnehmung sind
   noch weniger evident, wiewohl innerhalb der physiologischen Möglichkeiten
   nach dem Stand der Neurobiologie sogar der bestimmende Faktor. Welche
   Informationen letztendlich aus den Daten gewonnen werden, die wir über
   unsere Sinnesorgane erhalten, ist nämlich **subjektiv,** das heißt von Mensch
   zu Mensch verschieden entsprechend der Interpretation dieser Daten, welche
   wieder von Erfahrungen, Konstrukten, Schemata, ... abhängt.
   Menschen werden der Farbe des Schnees unterschiedliche Bedeutung geben,
   je nachdem, wo sie aufgewachsen sind. Werden Zeichen der Begrüßung
   je nach ihrem angestammten Kulturkreis interpretieren und erwidern. Je
   nach ethnischer/nationaler Kultur wird auch das Verhältnis Beziehungs-
   ebene zu Sachebene unterschiedlich wahrgenommen. Da wird aber auch die
   individuelle Erziehung eine Rolle spielen.
   Die Bedeutung von Teamwork wird wohl je nach Familie, Organisation,
   Gesellschaft, usw. unterschiedlich wahrgenommen werden.
   Und – was eigentlich ganz selbstverständlich ist – Menschen **handeln**
   im psychischen Normalzustand ihrer Wahrnehmung entsprechend. Somit
   bestimmt die Wahrnehmung wiederum das Handeln – und damit schlussendlich den Gegenstand von Verhaltenstrainings und im Kern auch von Teamwork
   und damit von TE – Teamentwicklung.
d) **Evaluation des Lernerfolges**
   In jeglichem Training als Instrument von Verhaltensmodifikation ist ein
   wichtiger Erfolgsfaktor, ob und inwieweit der Erfolg (oder allenfalls Miss-
   erfolg) überhaupt festgestellt und damit wahrgenommen wird und welche
   Konsequenzen daran geknüpft sind.

Über der Branche der Verhaltenstrainings „schwebt" der Glaube, dass gerade in diesem Bereich Erfolge schwer festzustellen seien. Wir dürfen das aufgrund unserer jahrzehntelangen Erfahrung für einen *Irrglauben* erklären. Es gibt auch in diesem Bereich *kein* Ergebnis, das man nicht feststellen könnte – mit den geeigneten Mitteln der Erfolgskontrolle selbstverständlich. *In „Wir sind Team" beschäftigen wir uns in den Abschn. 1.9.2 und 2.4 sowie 4.4 eingehend mit den Aspekten solcher Evaluation.*

Aber zum Schluss dieser Ausführungen noch ein wichtiges ABER: Selbst wenn man klare Lernziele hat, die auch zu den Arbeitsaufgaben passen und die zur Verfügung stehenden Lernmethoden zu den Lernzielen passen und einem die eigenen Wahrnehmungsmuster nicht im Wege stehen, man daher die Sinnhaftigkeit des geplanten Lernens erkennen kann; und wenn man weiß, dass der Lernerfolg, ja sogar hin bis zu Umsetzungserfolgen kontrolliert werden wird; selbst dann muss man lernen auch noch **können** und **wollen**. Das klingt banal, ist aber in vielen Fällen nicht gegeben.

„**Lernen**" muss man auch lernen. Oftmals sind Können und Wollen miteinander verknüpft. Das (Wiener?) Sprichwort *„Mit dem Essen kommt der Appetit"* drückt das auch aus. Wir verwenden deshalb das Kunstwort *„**Neigung**"* als Mischung von *„Eignung"* und *„Neigung"*. *(Im nächsten Abschn. 3.3.2 werden wir die Bedeutung dieser Mischung für die Aufgabenteilung noch näher erörtern.)*

In Bezug auf das Lernen kennen wir das als allgemeines bildungspolitisches Problem der *„Bildungsferne"*. Und bei all dem Vielen, was darüber schon geschrieben und gesagt wurde: Letztendlich wird Bildungsferne/Bildungsnähe schon in der sozialisierenden *„Primärgruppe"* durch die primären Bezugspersonen festgelegt. In der Regel ist dies nach wie vor die Familie. Da dieses Werk aber kein Bildungspolitisches ist, muss die Frage gestellt werden: Was hat das mit Teamentwicklung zu tun? Antwort: *„Was Hänschen nicht lernt, …"* kann Hans allemal noch *lernen* (wenn auch nicht mehr so einfach)! Aber das ist ein Grundthema jeglicher Erwachsenenbildung und damit auch der berufsbezogenen Aus- und Weiterbildung. Darin besteht die *Kunst der „Wirtschaftstrainer"*: Den zu Trainierenden auch im fortgeschrittenen Alter Lernen noch ausreichend schmackhaft und möglich zu machen!

Spezialthemen
Ent-lernen (*„Extinction Learning"*).

Die *Gefährlichkeit des Lernens* besteht auch darin, dass nicht nur Unnützes, sondern auch Schädliches *ge*-lernt – oder auch Nützliches bis Nötiges nicht *ge*-lernt oder sogar *ent*-lernt wird.

Anm.: Die wichtigsten **Social Skills** *wie insbesondere Führung, Kommunikation, Konfliktmanagement, Motivation und Teamwork sind* **keine** *expliziten* **Fächer** *(geschweige denn Hauptfächer – was ihnen nach der Zuschreibung der nachfragenden Verkehrskreise heutzutage durchaus zukäme). Ganz* **im Gegenteil:** *Die von den Kindern mitgebrachten Skills (oder zumindest ihr noch unverdorbenes Potenzial dafür) wird in diesen Bereichen „zurechtgestutzt". Teamwork wird in seiner wichtigsten Form – den gegenseitigen Helfen nämlich – als Einsagen oder Schummeln sogar – in den illegalen Untergrund abgedrängt.*

In „Wir sind Team" beschäftigen wir uns damit ausführlicher in den dortigen Abschnitten 2.3.1 S 41 f. und 4.3.1 S 89 f.

Ein sensibler und bedeutsamer Punkt in der Praxis der TE ist das Thema **Fehlermanagement.** Hier ist „*Ent-lernen"* eine ganz wichtige Methode – schon wegen der beschriebenen Charakteristik unseres Schulsystems in Bezug auf Social Skills. *(Siehe Anhang 4.1.!).*

Dass in diesem Bereich

STOP nichts ohne Präsenz-Lernen geht, braucht wohl kaum betont zu werden.

Change Management ist wohl ein Mainstream-Begriff seit Jahren, ungebremst, eher beflügelt durch die Corona-Pandemie.

In „Wir sind Team" beschäftigen wir uns ausführlicher mit diesem Thema. (Siehe dort 2.3.1 S 42 ff. und 4.3.1 S 91 ff.)

Hier sei nochmals betont: Der „Wandel", die „Veränderung" ist jedenfalls eine Dauererscheinung. **„Change is strange"** – was den Inhalt der Veränderung betrifft.

Was aber das Phänomen des Wandels generell betrifft, gilt: **„Change is *not* strange."** Normalerweise ist der Wandel ganz normal. Er ist Bestandteil unseres Lebens, ein notwendiger noch dazu. Wir wachsen auf, wir lernen, wir altern, unsere Lebensumstände ändern sich laufend – alles ganz normal.

Das gilt auch für die Arbeit von Teams. In den meisten Fällen des stetigen Wandel sollte dieser derart in die tägliche Arbeit integriert sein, dass er gar nicht mehr auffällt (Man spricht dann von *„Inklusion"*). Für kleine Organisationen ist das nicht nur selbstverständlich, sondern existenziell und strukturell auch nicht so schwierig wie für große Organisationen. Wie bei allen *„Menschen-Systemen"* ist dies auch bei Organisationen (und auch Teams sind solche) eine Frage der Geschwindigkeit zwischen Wahrnehmung und Reaktion. Bei kleinen Organisationsformen wie z. B. Teams ist es einfacher, den Sinn notwendiger

Veränderungen zu erkennen. Das reduziert den Widerstand gegen Veränderungen, verstärkt sogar den Veränderungswillen.

Apropos **Widerstand:** Ein zumindest potenziell bedeutendes Phänomen in jedem Veränderungsprozess. „Potenziell", weil – wie dargestellt – sich die Intensität des Widerstands je nach Sinnhaftigkeit der Veränderung bestimmt.

In der TE haben wir regelmäßig *„Widerstandsarbeit"* zu leisten (weil eben die Sinnhaftigkeit der Veränderung für die Betroffenen oft nicht ausreichend erkennbar ist). Daher nochmals unser

> ▶ **TIPP** „Der Cotrainer führt die Gruppe im Widerstand!"

Dahinter steht unser

> ▶ **TIPP** Als TEler wenn möglich nicht allein arbeiten!

Sie müssen die hohe Komplexität Ihres Kundensystems „Team" zumindest ein bisschen widerspiegeln können. Allein gelingt Ihnen dies kaum.

Jede Veränderung birgt auch Risiken. Als die wichtigsten Aspekte von **Risikomanagement** gelten üblicherweise, zukünftige Risiken möglichst gering zu halten und dennoch für den Fall der Fälle vorzusorgen. Beide Anforderungen können in gemeinsamem Teamwork besser bewältigt werden als in Einzelarbeit. Voraussetzung dafür ist aber ein geübtes, akkordiertes Verhalten der TM.

Wir sprechen lieber von **„Risk-Result-Management".** Es geht ja nicht um die Verwirklichung des Grundsatzes *„No risk, no fun!"* Vielmehr geht es um eine angemessene Balance zwischen dem Risiko, welches eingegangen wird (werden soll) und dem Ergebnis, welches dadurch eingefahren wird (werden soll). Je nach Branche und Kultur müssen manchmal die TM in ihrer Risikofreudigkeit eingebremst, manchmal angespornt werden.

Das kann man trainieren – uzw. am besten im Team! Denn auch Risk-Result-Management ist, so wie fast alle Social Skills, **Mannschaftssport!** *(Siehe „Wir sind Team" 4.3.1 Risikomanagement S 90 f.)*

Ein **KVP – Kontinuierlicher VerbesserungsProzess** ist Kern jeder Entwicklung – auch in Teams. *(Siehe „Wir sind Team", 4.3.1 S. 91).*

Seine Grundstruktur ist der *Dreischritt,* vergleichbar mit dem *„Wiener Walzer"* (Abb. 3.5).

Abb. 3.5 Wiener Walzer
(Harramach)

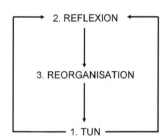

Auf das

1. **Tun,** das Arbeiten *(in angemessener Dosis),* folgt die
2. **Reflexion,** am einfachsten in Form einer Stärken-/Schwächen-Analyse *(beide Seiten angemessen zu berücksichtigen empfiehlt sich sehr – auch als Kontrapunkt zu unserem auf Schwächen fokussierten Schulsystem),* gefolgt von einer dementsprechenden
3. **Reorganisation** = Neuaufstellung für künftiges Arbeiten gemäß dem Leitsatz *„Stärken stärken und Schwächen schwächen!"*

> **TIPP** „Dreischritt" (= „Wiener Walzer") immer wieder aktivieren!

3.3.2 Aufgabenteilung

Einer der großen Vorteile von Teams gegenüber Einzelpersonen ist, dass mehrere anfallende Tätigkeiten nicht nur sequenziell, sondern auch parallel durchgeführt werden können. Sogar einander widersprechende Ziele können gleichzeitig verfolgt werden. Dies wird ermöglicht durch Aufgabenteilung.

> **TIPP** Die Aufgabenverteilung sollte nach *„Neignung"* erfolgen!

Dieses Kunstwort von *Niki Harramach* soll das gleichzeitige Zusammenspiel von *„Eignung"* (= Können) und *„Neigung"* (= Wollen) versinnbildlichen (Abb. 3.6). Die Liste der zu verteilenden Aufgaben kann zweckmäßigerweise schriftlich festgehalten werden. Ihre Verteilung auf die Teammitglieder unterliegt aber auch gruppendynamischen Phänomenen, welche bloß mit digitalen Medien nicht optimal gelöst werden können. Vor allem der für erfolgreiche Teams wichtige **flexible Wechsel,** von wem und wie die Aufgaben jeweils wahrgenommen werden, kann nur

Abb. 3.6 Neignung
(Harramach)

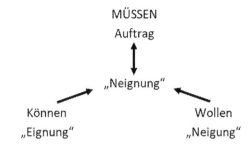

MÜSSEN
Auftrag

„Neignung"

Können   Wollen
„Eignung"   „Neigung"

STOP im Präsenzformat erfolgversprechend trainiert werden.

Achtung: Bitte verwechseln Sie diese Wechsel in der Aufgabenerfüllung nicht mit den rangdynamischen Positionswechseln = Rochaden. (Näheres gleich nachfolgend zu 3.3.3.!).
Wichtig ist auch, dass die TM im Sinne der Aufgabenerfüllung zusammenpassen. Wir nennen das den richtigen *„Team-Cocktail"*

STOP nur im Präsenzformat kann die dafür nötige Beziehungsebene optimiert werden.

3.3.3 Führung

Teams brauchen (so wie alle Organisationsformen) **Hierarchie**
„Heterarchie" ist ein gefährliches Management-Märchen.
Unternehmen sind *nicht* demokratisch organisiert. Das Sagen hat letztendlich (selbstverständlich) der Eigentümer. Dem steht es natürlich frei, demokratische Spielregeln in seiner Organisation einzuführen.
Hierarchie ist ja ein die (Zusammen-)Arbeit vereinfachendes *„Trivialisierungsmodell" (siehe 2.6.).* Sie dient zum Beispiel dazu, rasche Entscheidungen zu treffen, geeignete Rahmenbedingungen der Arbeit zu schaffen, Konflikte zwischen Mitarbeitern zu regeln, …
Anm.: Die Hierarchie ist wahrscheinlich aus mehreren Gründen in Diskussion, wenn nicht gar in Verruf geraten. Sie ist ein Mittel nicht nur zur Vereinfachung, sondern auch zur Vereinheitlichung und damit nicht gerade konform mit dem Mainstream der Individualisierung. Vor allem aber wurde und wird sie leider noch immer nicht dem Stand der gesellschaftlichen Entwicklung entsprechend ausgeübt. Man sollte allerdings die Unfähigkeit einiger Hierarchen nicht mit der Wertschöpfung des Konstruktes der Hierarchie an sich verwechseln!

Was heißt, Hierarchie dem Stand der gesellschaftlichen Entwicklung entsprechend auszuüben? In der **Führung** – im Vokabular der Kybernetik besser *„Lenkung"* genannt – geht die Entwicklung von der *„Steuerung"* zur *„Regelung"* (Abb. 3.7a). Zu den Regelungsmodellen gehören:

OKR – Objectives and Key Results ist ein neues Modewort Mitarbeiterführung über Ziele und Ergebniskennzahlen. Schon seit Jahrzehnten in ähnlicher Form bekannt als *MbO – Management by Objectives*. Dabei wird soweit möglich auf Tätigkeitsanweisungen verzichtet, mit Zielen geführt und der Weg den Ausführenden überlassen. Eine Kernfrage dabei ist selbstverständlich, wie es zur Definition der Ziele kommt? Durch Anordnung oder durch Vereinbarung? Auch dabei gibt es eine progressive Entwicklung: *„Von Command zu Committment!"* Wenn und insoweit möglich werden die zu erreichenden Ziele mit den Ausführenden vereinbart. Nur dort, wo es diesen an ausreichender Erfahrung mangelt, die Ziele realistisch mitzugestalten, werden diese anfangs von der Hierarchie vorgegeben. Dabei ist darauf zu achten, dass sich dies mit fortschreitendem Reifegrad der Mitarbeiter dahin ändert, dass die Ziele letztendlich doch vereinbart werden können. Dies hat auch den Vorteil, dass dadurch die Verbindlichkeit der Ziele die Chance steigt, dass sie tatsächlich erreicht werden.

„Intrapreneurship" ist eine Wortschöpfung von *Peter Drucker* und *Gifford Pinchot* zur Bezeichnung von Dienstnehmern, die – wie wohl unselbstständig erwerbstätig – möglichst unternehmerisch denken und handeln.

Abb. 3.7a Steuerung –
Regelung

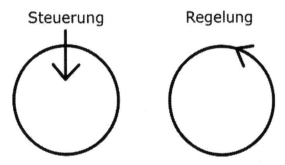

▶ **TIPP** Rahmenbedingungen für Intrapreneurship beachten!

a) Organisationen, die sich Intrapreneurship wünschen, müssen dafür auch die entsprechenden Rahmenbedingungen verwirklichen (maximale Zielorientierung, größtmögliche Freiräume, Kompetenzen und Konsequenzen).

b) Es braucht Mitarbeiter geeigneter Persönlichkeitsstruktur (hohe Selbstmotivation, aktive Kommunikation und Informationsbeschaffung, Risk-Result-Balance auf hohem Niveau, Resilienz).

c) Bewusstsein dafür, dass sich unselbstständig Erwerbstätige in etlichen Facetten nicht wie Selbstständige verhalten können und dürfen (z. B. keine völlige Entscheidungsfreiheit, kein selbst gewählter Geheimnisschutz).

„Rangdynamik" ist ein gruppendynamisches Modell, welches in den 1950ern vom Wiener Psychiater und Gruppendynamiker *Raoul Schindler* entwickelt wurde und später vor allem von *Manfred Kohlheimer* gemeinsam mit Schindler gemeinsam gepflegt und verbreitet, und von *Niki Harramach* und *Nina Veličković* weiterentwickelt und auch für andere Anwendungen adaptiert worden ist (Abb. 3.7b).

Das Modell unterscheidet verschiedene *„Positionen"*, welche die Teammitglieder (unabhängig von ihrer formellen *Funktion!*) in einer bestimmten Position einnehmen:

- Alpha = Führer → *gibt die Richtung vor*
- Gamma = „einfacher" Mitarbeiter → *geht mit dem Alpha mit*
- Omega = Opponent, Gegenpol zum Führer → *dialektisch-kritische Instanz*

Abb. 3.7b Positionen der Rangdynamik (Harramach)

Fremd-Steuerung   Selbst-Regelung

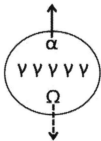

Wichtig ist, dass die Positionen jeweils situationsgerecht von den dafür geeigneten Teammitgliedern eingenommen werden. Es kommt daher regelmäßig zu Positionswechseln, *„Rochaden"*. Das bedeutet, dass es auch immer zu entsprechenden Führungswechseln kommt. Es muss also nicht immer der formelle Hierarch führen. Als Führungsmodell ist es daher ein Instrument der *Expertenführung*.

Damit verwirklicht das Modell der Rangdynamik die Prinzipien moderner Management- und Führungslehre – und räumt gründlich mit der unrealistischen Vorstellung von Heterarchien auf, in dem es diese obsolet macht.

Die Fähigkeit, adäquate Positionswechsel (manchmal blitzschnell) zu vollziehen, sollte

STOP im Präsenzformat trainiert und/oder durch Coaching unterstützt werden!

> **TIPP** „Explizite" Rangdynamik einführen!

Unter *„Delegation"* wird in der Managementlehre hauptsächlich verstanden, dass Führende bestimmte ihrer Aufgaben an Mitarbeiter übertragen. Bei genauer Betrachtung ist diese „Abwärts-Delegation" aber nur eine Seite der Medaille.

Von großer Bedeutung ist ja auch, dass die Führenden Delegierte ihrer Mitarbeiter in dem Sinne sind, dass sie die Interessen ihrer Mitarbeiter zu vertreten und für die notwendigen Arbeitsbedingungen zu sorgen haben (Abb. 3.7c).

In dieser Grafik wird augenscheinlich dargestellt, dass Führende immer auch Mitarbeiter sind. Es kommt darauf an, was das *„Fokalsystem"* meiner Betrachtung ist.

Abb. 3.7c Linking Pin
Model nach Rensis Likert

Unternehmensleiterin

Unternehmensleitung

Bereichsleiterinnen

Bereichsleitung

Geschäftsfeldleiterinnen

**Geschäftsfeld-
leitung**

Teamleiterinnen

Team

MA

Beispiel

Der Teamleiter ist in seinem Team Führender, im Team der Geschäftsfeldleitung aber Mitarbeiter. ◄

Wir sprechen oft von *„Bosses"* (= Chefs/Chefinnen, aber auch international verwendbar und gender-befreit). Außerdem scheint uns der im Deutschen übliche Ausdruck *„Führungs-Kraft"* nur eine historisch bedingt vermiedene Verwendung des Ausdrucks *„Führer/Führerin"* zu sein (entsprechend der im Englischen gebräuchlichen Bezeichnung *„Leader"*). Am öftesten verwenden wir *„Führende(r)"* und haben die Wahl des Begriffs je nach Kontext getroffen.

Diese Doppelfunktion (F *und* MA) führt regelmäßig zu einer *„Delegierten-problematik"*. Als Führer seines Teams hat der Teamleiter im Team der Geschäftsfeldleitung seines eigenen Teams und damit seiner Mitarbeiter zu vertreten, andererseits aber auch auf dieser nächsthöheren Hierarchieebene Kompromisse mit den anderen Teamleitern zur Gesamtoptimierung des Geschäftsfelds zu treffen. Dieses Konfliktpotenzial auszubalancieren, ist eine andauernde Aufgabe von Führenden und sollte

STOP im Präsenzformat trainiert und/oder durch Coaching unterstützt werden!

Mehr und mehr wird klar, dass

- in arbeitsmäßig bewegten Zeiten (*VUCA* oder wie auch immer genannt)
- noch dazu in Situationen, in denen Subsysteme *disloziert* sind, d. h. sich nicht am selben Ort befinden (leider *virtuelle Teams* genannt),
- eigenständiges Denken und vor allem Handeln gefragt ist (Selbstorganisation, Entrepreneurship und Intrapreneurship, Ich-Aktie).

▷   **TIPP** *„Korridorführung"* ist angesagt!

Den zu führenden Subsystemen wird bloß ein Korridor vorgegeben, innerhalb dessen sie sich selbstständig zu bewegen haben. Im *„Flottillen-Modell"* führt der Flottenadmiral derart alle seine Boote und Schiffe.
Beachte: Korridorführung ist ein geeignetes Einsatzgebiet

GO *für digitale Kommunikation!*

Aber: Die mit dieser Art der Führung verbundenen Verhaltensweisen –
sogenannte *MSS – Management Social Skills* – sind, auf welcher Hierarchieebene auch immer,

STOP mit interaktiven Methoden **im Präsenz-Format** einzuüben = zu trainieren
und allenfalls mit Coaching zu unterstützen!

*Anm.: Erstaunlich ist, dass in diesem ausschließlich interaktiven System Führung
immer nur – hier sogar von uns – fast nur der Blickwinkel der Führenden eingenommen wird. Aber faktisch steht es in den Teams im Durchschnitt 10:1 für
die Geführten. Das heißt rein quantitativ, dass den Geführten viel mehr Augen-
merk gewidmet werden muss: ihrem bevorzugten Stil, sich führen zu lassen;
den von ihnen bevorzugten Management-Methoden; den von ihnen bevorzugten
Motivationsinstrumenten; ihren Aufträgen an ihre Chefs, für welche Arbeitsbedingungen diese zu sorgen haben; uvam.*

▷   **TIPP** Das Verhältnis zwischen „Führungs-Stilen" und „Geführten-
        Stilen" muss in Teams *immer* ein Thema zwischen Führenden und
        MA sein!

STOP Im **Präsenz-Format** ständig zu besprechen!

3.3.4   Entscheidung

Die *Ungewissheit* rückte durch die Corona-Pandemie ins Zentrum der Aufmerksamkeit. Und dadurch auch die Frage, wie kann uns die Digitalisierung in solchen
Zeiten bei Entscheidungen helfen? Algorithmen? Big-Data-Management?
    Vorweg einmal:

GO **Informationstechnologien** sorgen klarerweise für den *Transport* von
Informationen und damit für Entscheidungsgrundlagen.

Aber **STOP** Informationstechnologien sind per se und letztendlich *keine Ent-
scheidungsmethoden.*
    Im Gegenteil, wir müssen schon *vor* dem Einsatz von EDV und IT jede Menge
Entscheidungen treffen. Nämlich wie wir die IT-Maschinerie programmieren
wollen, damit sie die Daten (auch die Big Data) so verarbeitet, dass wir diejenigen Informationen erhalten, die wir für unsere Entscheidungen brauchen.

Natürlich können wir Entscheidungen auch an **Algorithmen** delegieren. Das geschieht ja ohnehin in großem Ausmaß. Die Frage, die uns in diesem Zusammenhang immer mehr beschäftigt, ist jedoch: Bis zu welchem Grad der Bedeutsamkeit von Entscheidungen wollen wir das tun? Fragen der **Ethik** spielen eine bedeutende Rolle, mehr und mehr diskutiert. *(Siehe für Vieles Spiekermann, 2019).*

Da dieses Werk jedoch kein philosophisches ist, sondern eine praxisorientierte Anleitung zu erfolgreicher Teamentwicklung sein soll, wollen wir uns darauf konzentrieren!

In Teams tauchen in diesem Zusammenhang rasch besonders zwei Aspekte auf:

a) Inwieweit helfen Algorithmen und Wahrscheinlichkeitsrechnungen bei Entscheidungen in Situationen der **Ungewissheit**? Und zwar als Frage nach der **inhaltlichen Qualität.**

Gerd Gigerenzer hat sich intensiv mit dieser Frage beschäftigt. Er unterscheidet folgende Situationen je nach den bekannten Konsequenzen der Entscheidung:

- **Gewissheit** = Entscheidung zwischen Optionen mit gesicherten Konsequenzen → kognitive Entscheidung; *zB. Entscheidungsbaum nach Vroom/Yetton idF Harramach (siehe unten!)*
- **Risiko** = Entscheidung zwischen Optionen mit bekannten Risiken *Beispiel: Glücksspiele* → Hier helfen statistisches Denken, Wahrscheinlichkeitsrechnungen.

GO IT gefragt!

- **Ungewissheit** = Entscheidung zwischen Alternativen mit unbekannten Risiken *Beispiel: Aktienkurse.*

STOP Hier helfen Intuition, Faustregeln, Heuristiken = *„Bauchentscheidungen" uzw.* <u>*besser*</u> *als IT-gestützte Methoden!* **Achtung:** *Nur bei großer Erfahrung! (Gigerenzer, 2013).*

▷ **TIPP** Unterscheide bei Entscheidungen zwischen Situationen der
Gewissheit, der bekannten Risiken und der Ungewissheit (= der
unbekannten Risiken)!

b) **Wer** soll entscheiden? Wer aller im Team soll daran beteiligt sein?
Und weil die Frage der inhaltlichen Qualität bereits im obigen Abschnitt a.
behandelt wurde, geht es jetzt vor allem um die in Teams bedeutsame Frage
der **Akzeptanz**.

„Entscheidungsbaum" von Victor Vroom und Phillip Yetton idF von Niki
Harramach:
Anm.: „Allein" meint den Führenden (rangdynamisch = α-Position).

- **Allein und ohne weiteres:**
  a) Keine weitere Info nötig, keine weitere Akzeptanz zu erwirken.
  b) Sofortige Entscheidung nötig, keine andere Chance!
- **Allein nach weiterer Info:**
  Weitere Info nötig und verfügbar; keine weitere Akzeptanz zu erwirken.
- **Allein nach Besprechung:**
  Akzeptanz (Einbindung) zu erwirken.
- **Allein durch Andere(n):**
  Entscheidung besser delegieren.
- **Mehrheit:**
  Achtung: Ebenfalls Delegation der Entscheidungsmacht! (Selbst bei
  Dirimierungsrecht!).
- **Mit Veto:**
  Spezialmöglichkeit des Overruling *(siehe unten).*
- **Konsens:**
  Achtung: Veto für jeden!
  Achtung: Im Zweifel besteht ja immer Recht des Overruling!

▷ **TIPP** *„Entscheidungsbaum" von Vroom und Yetton idF von*
Harramach **anwenden!**

3.3.5 Kommunikation

Ein Mensch spricht heute
oft ganz schnell:
„Komm, das Meeting mach' ma virtuell!"

Der Mensch, der meint
damit vor allem:
„Das mach' ma mit diversem Digitalen!"
Drum merk Dir – es ist doch
einfach ganz banal –
Du Mensch im Meeting bleibst real.
(Pöchacker, 2020).

In dieser Dimension der Social Skills hat der *„Digital Boost"* besonders
zugeschlagen. Deswegen gilt es vor allem hier,

STOP die **Grenzen digitaler Möglichkeiten** zu beachten, aber selbstverständlich
auch hervorzuheben, in welchen Facetten uns
GO digitale Medien zunehmend helfen!

Zu den obersten Grundsätzen menschlicher Kommunikation gehört sicher das
Axiom von *Paul Watzlawick: „Man kann nicht nicht kommunizieren."*
Davor steht aber die Erkenntnis, dass wir doch *nicht* kommunizieren können,
nämlich außerhalb des Rahmens unserer Wahrnehmungsfähigkeit. Zumindest
können wir in diesem Bereich gesendete Botschaften nicht empfangen (und
wissen in diesem Bereich auch nicht, welche Botschaften wir selber senden).
Im Zusammentreffen mit anderen Lebewesen führt das des Öfteren zu für uns
erstaunlichen Phänomenen.

Beispiel

Etwa, wenn wir mit Haushunden auf von Mutterkühen beweideten Almen
spazieren gehen. ◄

Was generell so banal klingt, hat jedoch in der *„digitalen Kommunikation"* (das
ist unser verkürzter Ausdruck für Kommunikation, welche über digitale Medien
als Kommunikationskanäle läuft) gravierende und vielfach nicht (zumindest nicht
genügend) berücksichtigte Konsequenzen.
*Anm.: Dass wir es ablehnen, von „virtueller" Kommunikation zu sprechen,
haben wir schon im* Abschn. 2.2.1 *dargelegt, weil sie nämlich völlig „real" ist.*
Im Präsenz-Kontakt fällt uns normalerweise auf, wenn unsere im Rahmen
der klassischen fünf Sinne gewohnte **Wahrnehmungsfähigkeit** eingeschränkt
wird, sei es punktuell situationsbezogen oder generell chronisch. Bei digitalen
Kommunikationen fällt uns aber anfangs sehr, später meist gewohnheitsbedingt

weniger, irritierend im Sinne einer Behinderung auf, dass manche Sinnesorgane überhaupt keine Wahrnehmungen liefern können, wie z. B. im Bereich des Riechens, Schmeckens und Tastens. Das sind gar keine unbedeutenden Wahrnehmungskanäle mit Auswirkungen sogar auf die Beziehungsebene. Das kann man in vielen Redewendungen entdecken, wie zB. *„Den kann ich nicht riechen"* oder *„Die kann ich nicht schmecken"* bis hin zu *„Ich kann dich nicht spüren"*.

Mehr noch: Wir haben Wahrnehmungen, die weit über die fünf Sinne hinausgehen: Temperatur, Schmerzen, Gleichgewicht, unsere Lage im Raum und Bewegung, ja sogar die Zeit.

Und was für Interventionen der Teamentwicklung ganz wesentlich ist: die **Atmosphäre**, die Gesamtsicht auf das Team, der **Gesamteindruck.**

Jede Form der Arbeit mit Kleingruppen ist **Kleinkunst,** mehr noch als im Theater. Wir brauchen nämlich die Reaktion des Klientensystems. Unsere Dienstleistung ist eine *höchst***persönliche.** Unsere Leistung als Verhaltenstrainer, als Coach, als Supervisor entsteht nämlich *nur* im *interaktiven Zusammenwirken* mit dem Kunden. Die Reaktion des Kunden ist das unentbehrliche Feedback auf unsere Intervention und somit das im Moment der Interaktion wichtigste Element der Qualitätssicherung. Letztendlich ist natürlich die Zielerreichung das ultimative Qualitätsmerkmal. Am Weg dorthin, im Prozess der Teamentwicklung, ist aber die Reaktion des Klientensystems das entscheidende Element unseres Monitorings.

Insoweit dies in den Formaten digitaler Kommunikation ausfällt, ist unsere Arbeit elementar behindert.

Wir müssen in der derzeitigen Euphorie, was nicht alles auch auf digitalen Kommunikationsmedien möglich ist, aufpassen, die *„Krückenfunktion"* digitaler Medien als Ersatz für Präsenzerlebnisse nicht zu übersehen.

„Wer zu lange mit Krücken geht, kann sich am Ende ohne diese gar nicht mehr bewegen."

Bleibende Invalidität droht.

Feedback hat zwei wichtige Bedeutungen im Rahmen der menschlichen Kommunikation:

a) Zum einen versteht man darunter **Rückkopplung** im kybernetischen Sinn. Sie ist das wichtigste Instrument, um die Sender-Empfänger-Problematik zu lösen, zumindest zu minimieren. Durch die Rückkopplung der empfangenen Botschaft an den Sender derselben, kann der Sender überprüfen, inwieweit eine Botschaft im beabsichtigten Sinn beim Empfänger angekommen ist (Abb. 3.8a).

   Anm.: Die beim Militär und im Flugverkehr vorgeschriebene wortwörtliche Wiederholung der Botschaft scheint im Normalgebrauch oft zu aufwendig und

Abb. 3.8a Rückkopplung

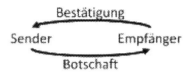

überzogen. Tatsächlich kommt es ja in den meisten Fällen nicht auf die wort-gleiche Wiederholung an. Ein bloßes „Ja" als Bestätigung ist aber wohl in den meisten Fällen auch nicht ausreichend. Auch im tagtäglichen Gebrauch ist daher eine möglichst genaue Wiederholung zu empfehlen. Sie vermeidet Miss-verständnisse und ist letztendlich meist zeitsparend.

b) Zum anderen ist Feedback in der „psychologisierten" Form die Bezeichnung für eines der wohl bedeutendsten Instrumente, welches durch die **„T(rainings)-Gruppen"** entstand, die ab den späten 1940ern in den USA, ab den 1950ern auch in Österreich, später auch in Deutschland und in der Schweiz stattfanden.

> ▶ **TIPP** Die vier wichtigsten Regeln des *„psychologisierten Feedback"* beachten!

1. Feedback nur geben, wenn die Empfangsbereitschaft sichergestellt ist!
2. Feedback immer mit konkreten Beobachtungen beginnen!
3. Gefühle, die das Verhalten des Feedbackempfängers bei mir auslösen/aus-gelöst haben, können dann nachgereicht werden.
4. Vermutungen, Hypothesenbildungen oder gar Prophezeiungen sollte man als Feedbackgeber tunlichst unterlassen.

Weiterer wichtige Instrumente, Methoden und Modelle menschlicher Kommunikation sind in unserem Grundlagenwerk *„Wir sind Team"*, insb. in *3.3.5 und 5.3.5* beschrieben.

Metakommunikation eines der wichtigsten Mittel, um Kommunikation zu verbessern, gar nicht aufwendig und im Übrigen auch im normalen Sprach-gebrauch durchaus üblich, wenn auch meist unbewusst (heißt so viel wie auto-matisch) eingesetzt (Abb. 3.8b).

Man versteht darunter die Kommunikation darüber, wie man miteinander kommuniziert – aus der „Vogelperspektive" sozusagen.

Abb. 3.8b Meta-
Kommunikation
(Harramach)

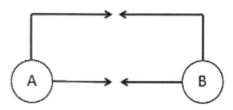

▶ **TIPP** Meta-Kommunikation immer asap anwenden!

Die so wichtige „**direkte**" Kommunikation ist durch digitale Kommunikation
besonders gefährdet, weil – wie schon erwähnt – über digitale Medien ganz
einfach *anonym* gesendet werden kann. Bei negativen Botschaften ist das fast
schon üblich.

▶ **TIPP Indirekte** Kommunikation innerhalb von Teams jedenfalls
unterbinden!

▶ **TIPP** Immer den „*Kommunikationsraum*" beachten – besonders
bei digitaler Kommunikation!

D. h.: Wer aller kann die gesendete Botschaft empfangen? Und ist das auch
beabsichtigt? Bei digitaler Kommunikation gilt dies insbesondere für den
sogenannten „*EKR – Erweiterten KommunikationsRaum*"!
    Eines der wichtigsten Prinzipien erfolgreicher Kommunikation ist:

▶ **TIPP** „*Hard in the hards and soft in the softs!*"

Bedeutet, in seinen Botschaften einen klaren *(„hard")* Standpunkt zu vertreten
und anderen Kommunikanten gegenüber nicht respektlos *(„soft")* zu sein!
    Moderation ist eines der wichtigsten Mittel, um die Gesprächsführung in
Teams im gewünschten Rahmen zu halten.
    & In jedem Format (Digital *und* in Präsenz) reicht das professionelle Ver-
haltensrepertoire des Moderators *„vom Butler bis zum Terminator"* (*Niki
Harramach*).

GO In Zeiten der Corona-Pandemie wurden naturgemäß mehr Meetings **digital**
abgehalten. Konferenz-Tools wie vor allem Skype, Zoom und Teams wurden
vermehrt angewendet. Demgemäß wurden für Moderatorinnen auch mehr

technisches Know-how und technische Skills – oder zumindest Unterstützung darin – nötig.

▶ **TIPP** Bei Videokonferenzen technischen Administrator beiziehen!

Die technischen Anforderungen spießen sich oft mit den moderativen Kompetenzen. Eine Arbeitsaufteilung ist aus Qualitativen Gründen empfehlenswert, insb. bei Großgruppen.

▶ **TIPP** Das Urteil des EuGH vom 16. Juli 2020 C-311/18 beachten?

Dadurch wurde die Rechtslage betreffend die Verwendung solcher Tools massiv verändert. *(Wird im Anhang 4.2 im Detail erörtert).*

3.3.6 KO-KO

Die wichtigste Basis für ein erfolgreiches Konfliktmanagement ist, dass alle Beteiligten das *„KO-KO-Prinzip"* nicht nur gut verstehen, sondern sogar verinnerlicht haben. Dieses besagt: **Man kann mit niemandem einen Konflikt haben, mit dem man nicht auch kooperieren könnte.**

Die Voraussetzung ist nämlich, dass man miteinander etwas Gemeinsames hat. *Kosovaren und Hawaiianer haben kaum Konfliktmöglichkeiten miteinander, zumindest keine territorialen. Mit ihrem Nachbarn im angrenzenden Garten schaut die Sache schon anders aus. KOnflikt und KOoperation sind durch die gemeinsame Grenze grundsätzlich noch keinerlei Grenzen gesetzt – ganz im Gegenteil. Die meisten KO-KO-Chancen haben wir klarerweise mit unserem Lebenspartner – „daily Co–Co" sozusagen! Aber auch in und zwischen Teams gibt`s jede Menge von beidem.*

Ob es nun in einer gemeinsamen Situation zu KOnflikt oder zu KOoperation kommt, hängt von vielen Umständen ab, nicht zuletzt aber auch von den betroffenen Parteien.

▶ **TIPP** Feststellen, was die Parteien gemeinsam haben!

Aus dem übergeordneten Gemeinsamen ergeben sich oft Regelungsmöglichkeiten, die zu Kompromissen führen.

> **Beispiel**

In den 1980ern konnten – zumindest in Österreich – professionelle Abfallent-
sorger ihre MA hauptsächlich nur aus den damaligen Grassroot-Bewegungen
rekrutieren. Für die Regelung der Konflikte rund um Entsorgungsprojekte war
diese Erkenntnis hilfreich. ◄

Spieltheoretisch kann man sagen: Die wenigsten Situationen im Leben sind per
se eindeutig „**Null-Summen-Spiele**" (in denen man sich empfehlenswerterweise
konkurrierend und damit konfligierend verhält) oder „**Nicht-Null-Summen-
Spiele**" (in denen man sich empfehlenswerterweise kooperativ verhält). Die
meisten Situationen bieten beide Möglichkeiten und werden von den beteiligten
Parteien als das Eine oder das Andere definiert.

▷   **TIPP** Feststellen, ob es sich bei dem Konflikt um ein Null-
Summen-Spiel oder ein Nicht-Null-Summen-Spiel oder welche
Mischung daraus handelt!

Dementsprechend eine adäquate Strategie für die Konfliktparteien entwickeln!

> **Beispiel**

Der Kampf um Marktanteile ist ein Null-Summen-Spiel. Aber die Mit-
bewerber einer Branche können gemeinsam – z. B. durch Image-Maßnahmen –
das Marktvolumen steigern. Das erfordert Kooperation. Für die Mischung
aus den beiden gegensätzlichen Vorgangsweisen hat sich in der Wirtschaft der
Begriff „Coopetition" etabliert (aus „Wir sind Team", S. 60). ◄

Jedenfalls ist der Erfolg einer Konfliktregelung neben dem Konfliktgegenstand
(und selbst dann, wenn es augenscheinlich um einen Sach-Konflikt geht).
in erster Linie von
der **Persönlichkeit** der beteiligten Parteien uzw (Abb. 3.9a).

*   ihrer Persönlichkeitsstruktur zwischen Distanz und Nähe sowie Ordnung und
    Chaos und an den Mischformen daraus und
*   ihrer davon abgeleiteten Wahrnehmung der Situation und
*   ihrer dementsprechenden Konfliktneigung

Abb. 3.9a Das Konfliktrad

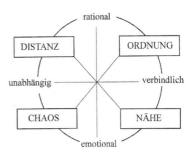

und von
den **Beziehungen** zwischen ihnen in Bezug auf

- Tragfähigkeit
- Dauer, Emotionalität, Symmetrie, Verkrustung
- Verlauf

abhängig.
Alles Dimensionen, die fast ausschließlich nur

STOP im **Präsenz-Format** erfolgreich behandelt werden können.

Und dann ist auch
die **Beziehung der Konfliktparteien zum Konfliktregler = Konfliktberater**
besonders bei den Interventionen

- Moderation und
- Mediation

von entscheidender Bedeutung.
Die Art der Konfliktintervention richtet sich nämlich nach **Eskalationsgrad** des Konflikts. Ein bekanntes Modell dafür ist das der 9 Unterstufen = 3 Hauptstufen-Modell von *Friedrich Glasl*.
Die Ableitungen daraus für Team-Bosses lauten:

- Auf der Haupt-Eskalationsstufe I, auf welcher die Konfliktparteien miteinander (mehr oder weniger gesittet) streiten, sollten die Bosses selber
  a) **nichts tun** (wenn sie den Eindruck haben, dass die Parteien den Konflikt selber regeln können) oder

b) **moderieren,** um den Konfliktverlauf in geordneten Bahnen zu halten.

- Auf der Haupt-Eskalationsstufe II, auf welcher die Konfliktparteien nichts mehr miteinander zu tun haben wollen, sollte **Mediation** stattfinden – dies wegen der dafür notwendigen *„Allparteilichkeit"* empfehlenswerterweise durch einen externen Dritten.

- Auf der Haupt-Eskalationsstufe III, auf welcher die Konfliktparteien wieder zusammentreffen, um sich gegenseitig „umzubringen" (das heißt im beruflichen Kontext oft „Mobbing") sollten die Bosses selber (das kann ihnen kein Dritter abnehmen) einen **Machteingriff** ausüben – oftmals heißt das Versetzen, am besten beider Parteien (Abb. 3.9b).

▷▷ **TIPP** Feststellen, auf welcher Eskalationsstufe sich der Konflikt befindet!

Daraus ergibt sich zwingend, welche der Interventionsformen Moderation oder Mediation oder Machteingriff zu erfolgen hat.

Hinzu kommt, dass Konfliktregelung empfohlenerweise dem

Prinzip des „**kleinstmöglichen Formats**" folgt. Das heißt, so wenige Personen wie möglich sind zur gleichen Zeit am gleichen Ort daran beteiligt. Oft nur die Konfliktparteien und ein Konflikt-Berater.

Hauptstufe Charakteristik	Eskalationsstufen	Dritt- INTERVENTIONEN
I o→•←o	1 Verhärtung 2 Debatte 3 Taten	NICHTS oder MODERATION
II ←oo→	4 Images, Koalition Gesichtsverlust 5 Drohstrategien 6	MEDIATION
III ⊗→•←⊗	Begrenzte Vernichtungsschläge 7 Zersplitterung 8 Gemeinsam in den Abgrund 9	MACHTEINGRIFF

Abb. 3.9b Eskalationsstufen. (Nach Glasl)

STOP Evident, dass eine solche Konfliktregelung am besten **im Präsenzformat** erfolgen kann.

▶ **TIPP** Bei Konfliktregelungen das Prinzip des kleinstmöglichen Formats beachten!

▶ **TIPP** Feststellen, wer *wirklich* am Konflikt beteiligt ist!

D. h.: Kein Publikum zulassen. Das schafft nur eine eskalierende „Gerichtssaal-Atmosphäre".
Auf die Beschreibungen im Grundlagenwerk „*Wir sind Team,*" Abschn. 2.3.6. darf verwiesen werden.

3.3.7 Kultur

Da wir unter *Team-Kultur* schlicht und einfach die Summe der für die Team-mitglieder typischen Verhaltensweisen verstehen, wird die „*Theragnose*" der Team-Kultur

STOP nur in **Präsenz-Form** stattfinden können. Und zwar in *beiden* Bedeutungen des Mischwortes *Theragnose,* sowohl in der *Diagnose* als auch in der *Therapie.*

Anm.: Mit der Entlehnung des Wortes „Therapie" wollen wir nicht in eine von uns ohnehin vehement bekämpfte „Vermenschlichung" des Konstruktes Team irreführen. Nochmals: Teams sind keine Lebewesen, sondern Sachen/Dinge. Sie selbst haben daher genau genommen gar kein Verhalten. Sie haben ja auch keine Hände, keine Füße, keinen Kopf, kein Herz, kein Hirn. Sie sind nur Arbeits-formate aus Ansammlung von Menschen, die all dies (hoffentlich) haben. Es schadet aber nicht, wenn man landläufig feststellt, „ein Team verhalte sich so und so". Wenn man nur weiß, dass das eine sprachliche Abkürzung darstellt und daraus keine unrichtigen Fantasien über Modelle, Methoden und Instrumente der TE entwickelt!
Es ist jedenfalls ein großer Vorteil, dass die TE ihrer Natur nach ein „*theragnostisches Verfahren*" ist. D. h., dass man einerseits die Team-Kultur nur dadurch erkennen und diagnostizieren kann, indem man das Verhalten der Team-Mitglieder beobachtet und die wesentlichen, gemeinsamen Muster feststellt.

Auf der Basis dieses diagnostizierten IST-Zustandes können dann die Team-Mitglieder und sonstige Verantwortliche entscheiden, ob und inwieweit sie diese Kultur auch so beibehalten wollen oder in welchen veränderten SOLL-Zustand sie diese Kultur verändern wollen.

Anm.: Schon in der bloßen Diagnose steckt bereits ein Stück „Therapie" insoweit die bloße Reflexion des festgestellten Ist-Zustandes diesen schon verändert, natürlicherweise in Richtung eines gewünschten anderen Zustandes. Bloße Reflexion ist aber nur eine notwendige, keine hinreichende Ursache für Verhaltensänderung. Hier müssen faktische Entwicklungsschritte = Interventionen/Aktionen gesetzt werden. Der Vorteil der theragnostischen Natur der TE ist, dass auch die Auswirkungen jeder Aktion sofort wieder diagnostiziert und reflektiert werden können, ja sogar müssen. Auf diese Art und Weise geschieht ein ständiges Monitoring des Veränderungsprozesses und damit ein „KVP – Kontinuierlicher VerbesserungsProzess" in Richtung des angestrebten Ziel-Zustands.

▷   **TIPP** Um Teamkultur erfolgreich zu gestalten, ist eine Diskrepanz-analyse zwischen SOLL und IST essentiell!

Heißt: Keine SOLL-Definition ohne IST-Analyse! Das DELTA darf nicht zu groß sein! Auch ein Learning aus der Corona-Pandemie. Die schönsten (und gerade diese) Wunschvorstellungen nützen nichts, wenn sie irreal sind. Veränderungen der Team-Kultur können zwar befohlen/angeordnet werden (z. B. durch die Hierarchen, durch Leitbilder, …), das wird aber nicht effektiv sein. Viele Leitbilder sind **Fakes,** die tatsächlichen Organisationskulturen aber sind **Facts.** Dadurch werden dann aus den Leitbildern das, was wir „Leidbilder" nennen – unerreichbar bis lächerlich. Erfolgreiche Change-Prozesse im Bereich der Team-Kultur müssen vom Verständnis und von der Akzeptanz der Betroffenen getragen sein und durch die Team-Mitglieder selbst vollzogen werden. Und das kann dauern. Denn wahre Teamkultur ist subkutan – sie sitzt „unter der Haut" könnte man verständlicher auch sagen.

3.3.8   Zeit

Wie schon in 2.7. ausgeführt: Oft wird jetzt von „Parallel-Welten" gesprochen – gemeint sind die sogenannte „reale" und die „virtuelle" Welt. Faktisch ist das natürlich Unsinn.

▶ **TIPP** Im Zeitmanagement nicht hysterisieren lassen!

Es gibt *keine* Parallelwelten, sondern nur *eine* Zeitschiene. Nur *einen* Kalender führen!

▶ **TIPP** Wo immer möglich mit **Slicing – Milestones – Buffers** arbeiten! (Abb. 3.10).

Erklärung:

1. „*Slicing*" = den Problemlösungsprozess in Zeiteinheiten untergliedern („in Scheiben schneiden").
2. „*Milestones*" = Endtermine setzen, die nicht überschritten werden dürfen und
3. „*Buffers*", das sind *Zeiteinheiten,* die vor den Milestones stehen und helfen, die Überschreitung der Milestones abzupuffern.

Wenn diese drei Regeln beachtet werden, ist die Gefahr, „aus der Zeit zu laufen", wesentlich vermindert.

Und dann noch „*Life Hacking*"

Life Hacking im Zeitmanagement: Entgegen allen komplizierten Methoden und Modellen zeichnet sich „Life Hacking" durch **einfache Tipps** aus. Lifehacker plädieren zwar für ein individuelles Zeitmanagement, dennoch gibt es einige allgemeine Grundsätze:

- Auf eine Sache nach der anderen konzentrieren. Multitasking verhindert den Flow!
- Eine große Aufgabe nicht bis zum Ende durchplanen. Rollende Planung ist oft effektiver.

Abb. 3.10 Slicing – Milestones – Buffers

- Eine Gewohnheit nach der anderen ändern. Jede einzelne braucht Zeit zum
  Ent-lernen.
- Ziele und Passionen bestimmen und kennen!

Und **Zeit-Management** ist eine sehr persönliche *und* regionale Disziplin.
Schwierigkeiten im Umgang mit der Zeit sind sehr individuell – und damit in
Teams *nicht* über einen Kamm zu scheren. Umgekehrt gibt es natürlich regionale
Gemeinsamkeiten. Die mitteleuropäische Zeitkultur (wenn es so etwas überhaupt
gibt – da fängt ja schon die Problematik an) ist wohl ganz verschieden von einer
zB. indischen, aber auch US-amerikanischen.

In der TE spielt die **Zeit** insofern eine ganz **grundlegende Rolle,** als sie die
Methode der TE, wie wir sie verstehen und betreiben, völlig von der am Markt
(und auch in Theorie und Lehre) verbreiteten *T-Gruppen-Methodik* abgrenzt. Das
liegt in der Natur der unterschiedlichen Klientensysteme.

Die TN von **T-Gruppen** kommen zusammen

a) für ein Training = Laboratorium → zeitlich begrenzt (heute 3, früher gar
   5 Tage)
b) als *„Stranger Groups"* in unserer Terminologie: Die TN kennen sich grundsätzlich gar nicht.
c) Arbeiten nur im *„Hier & Jetzt"*. (Sie haben ja auch gar nichts anderes.)

Arbeitsteams hingegen

a) sind unabhängig von Trainings ohnehin schon existent –
b) sind *(siehe 2.1.)* *„Family Groups"* wie wir sie nennen, Arbeitsfamilien. Die
   TN arbeiten grundsätzlich tagtäglich zusammen,
c) haben eine gemeinsame Vergangenheit und vor allem gemeinsame Zukunft,
   also ein *Damals & Dann.*

3.4   Nachbearbeitung

Nach wie vor gilt natürlich, dass sich die Qualität der Teamentwicklung letztendlich am **Ergebnis** zeigt. Hier schließt sich der Kreis zur Ziel-Formulierung in der
ersten Phase, der Analyse. *(Siehe oben insb. Abschn. 3.1.3.)*

> ▶ **TIPP** Den Transfer der Entwicklungs-Ergebnisse in die berufliche Praxis evaluieren!

Wie schon eingangs empfohlen, hat die Evaluation der Zielerreichung nicht auf der Ebene der Lernziele (schon gar nicht bei der Zufriedenheit der TN mit der TE) haltzumachen, sondern muss mindestens auf die Erreichung von Umsetzungszielen fokussieren (Abb. 3.11).

Außerdem ist sicherzustellen, dass der *KVP – Kontinuierliche VerbesserungsProzess* weitergeht!

Selbstverständlich kann dies durch Information über

GO digitale Medien unterstützt werden.

Es ist aber dringend zu empfehlen, dass das **Follow Up** als Nachfolgeveranstaltung zur Evaluation, Reflexion und allfällige Reorganisation der Aktionspläne und zur Besprechung und Einstellung des **Ongoing Process**

STOP im Präsenz-Format abgehalten wird. Dies schafft wie sonst nichts einen verbindlichen persönlichen Abschluss – Aug in Aug, Hand in Hand!

Es bleibt schlussendlich bei unserer einfachen allgemein gültigen Formel für **Qualität:**

$$Q = (E = A)$$

Qualität liegt vor, wenn die Erfüllung den Anforderungen entspricht.

Abb. 3.11 Drei Ebenen der TrainingsErfolgsKontrolle. (Nach Harramach)

Allgemein gültig ist diese Formel schon deswegen, weil ihr ein zwingendes juristisches Konstrukt zugrunde liegt, das der *„gehörigen Erfüllung"* nämlich. Diese liegt dann vor, wenn die Leistung den Anforderungen genügt. Wichtig zu beachten: Die Anforderungen können

a) (primär) vereinbart oder

b) (subsidiär) gewöhnlich vorausgesetzt werden.

Exkurse

4

4.1 Fehlermanagement

Über sogenanntes *„Fehlermanagement"* – soll wohl heißen: Umgang mit Fehlern – wird viel geschrieben, gesagt, sogar gelehrt. Vieles davon ist Unfug. Oft ist in diesem Zusammenhang von **„Fehlerkultur"** die Rede. Und wie so oft wird bei Kultur zwischen einer „guten"/„positiven" und einer „schlechten"/ „negativen" unterschieden. Generell wird eine Fehlerkultur dann als gut bezeichnet, wenn es erlaubt ist, Fehler zu machen. Eine solche positive Fehlerkultur schaffe Innovationen, ermögliche es, zu lernen und Neues zu entdecken. In einer negativen Fehlerkultur würde es vermieden, Fehler zu machen. Und wenn sie gemacht wurden, würden sie verheimlicht werden.

Aber ist es negativ, Fehler zu vermeiden und/oder zu verheimlichen? Die richtige erste Antwort darauf muss wohl lauten: Das kommt darauf an.

Denn generelle Bewertungen, ohne den Kontext zu berücksichtigen, sind in Bezug auf Fehlerkultur an sich schon ein Fehler.

Da Fehler, soweit sie überhaupt erheblich sind, in der Regel Konsequenzen haben, ist es empfehlenswert, vorerst einmal die *rechtliche* Behandlung von Fehlern zu gewärtigen. Im österreichischen Recht (und nicht nur in diesem) wird im Rahmen der *Gewährleistung* = Einstehen für Mängel, d. h. für Fehler einer Sache/einer Leistung, unterschieden zwischen

- *wesentlichen* Mängeln
- unwesentlichen Mängeln und bei diesen wiederum zwischen
    a) *erheblichen* und
    b) unerheblichen Mängeln.

© Der/die Autor(en), exklusiv lizenziert durch Springer Fachmedien Wiesbaden GmbH, ein Teil von Springer Nature 2021
R. N. Harramach et al., *Noch immer Team*, essentials,
https://doi.org/10.1007/978-3-658-33399-7_4

Auf ein Verschulden kommt es dabei nicht an. Grundsätzlich werden Fehler, insbesondere „wesentliche" Fehler, zu vermeiden sein. *Wesentlich* sind Fehler, welche das Produkt/die Leistung unbrauchbar machen, gefährlich sind für Leib und Leben, … Bloß *erhebliche* Fehler machen das Produkt/die Leistung nicht unbrauchbar, aber das Produkt/die Leistung ist nicht so beschaffen wie vereinbart oder wie es gewöhnlich vorausgesetzt werden darf.

Generell wird der Unterschied zwischen wesentlichen und unwesentlichen Fehlern im Leitbild des Unternehmens *Gore* mit der Metapher „*Waterline Principle*" veranschaulicht (Abb. 4.1).

Und die praktische Ableitung lautet bei Gore: *Unwesentliche* Fehler (= über der Wasserlinie) darfst Du machen, aber den gleichen auch nur einmal. Sie kann man jedenfalls ausbessern. *Wesentliche* Fehler (= unter der Wasserlinie) darfst Du aber *keinesfalls* machen. Sie würden zu unserem Untergang führen.

▷ **TIPP** Fehler *„unterhalb der Wasserlinie"* sind jedenfalls zu vermeiden!

Darüber hinaus wird das Rechtsinstitut des *Schadenersatzes* zu berücksichtigen sein. Wenn Fehler Handlungen oder Unterlassungen sind, durch welche jemandem rechtswidrig Schaden verursacht wird, steht dem Geschädigten in der Regel (= in bestimmter Form unter bestimmten Bedingungen) Schadenersatz zu, wobei *grundsätzlich* (das heißt juristisch aber auch, dass es Ausnahmen gibt) der Fehler *schuldhaft* begangen worden sein muss.

Wichtig ist – und nicht nur in diesem Zusammenhang – ob es sich bei einer Handlung/Unterlassung um einen Verstoß gegen den *Stand der Technik* (state of

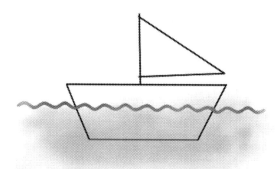

Abb. 4.1 Waterline Principle

the art) handelt oder nicht. Der Stand der Technik wird durch das Expertenwissen der jeweiligen Branche bestimmt, dem sogenannten „Sachverstand". Wer sich öffentlich zu einem Beruf „bekennt", haftet dafür, dass er diesen Sachverstand hat – und demgemäß handelt. Daraus folgt die erhöhte Sorgfaltspflicht des Sachverständigen = des Experten und demgemäß eine strengere Haftung für Fehler im Sinne von Verstößen gegen den Stand der Technik (§ 1299 ABGB).

Mit dem Stand der Technik kommt eine *zeitlich* bedingte Qualität ins Spiel. Etliches, was früher nicht als Fehler gegolten hat, kann sich heute oder zukünftig als Fehler darstellen. Das gilt im Übrigen auch umgekehrt.

Beispiel

Es hat einige Zeit gedauert, bis bestimmte Medikamente (wie das cortisonhaltige Dexamethason und der Wirkstoff Remdesivir) zur Behandlung von Covid-19 zugelassen worden waren. ◄

Zurück zur Frage: **gute oder schlechte Fehlerkultur?**

1. Nicht bloß unerhebliche Fehler sind zu vermeiden, insbesondere wesentliche Fehler!
2. Wenn solche Fehler gemacht werden, müssen *4 Schritte* folgen:
   a) Sie sollten unverzüglich(!) identifiziert werden, damit
   b) sogleich untersucht werden kann, welcher Art sie sind und
   c) die Ursache(n) festgestellt werden können, damit
   d) diese asap behoben werden.
3. Ziel ist, dass der Fehler nicht wiederholt werden wird.
4. In diesem schnellstmöglich stattfindenden Prozess braucht es vor erst einmal Anerkennung der Fehler-Aufdeckung, keinesfalls Schuldzuweisung. *(Im Falle rechtlicher Konsequenzen wird in der Regel das Verschulden ohnehin zu klären sein.)*

▷   **TIPP** Präventiv sollten alte eingelernte „Muster" des Vertuschens **mithilfe der Methode „Extinction-Learning" ent-lernt werden!**

▷   **TIPP** Einfacher ist es, mit einem Beinahe-Fehler zu beginnen/zu üben!

Tatsächlich braucht es Experimente = Neues versuchen, um Neues zu entdecken. Solche Experimente haben unter Bedingungen stattzufinden, welche Schäden sowohl innerhalb der Labor-Situation, besonders aber auch außerhalb derselben verhindern.

Aktuelles Negativ-Beispiel

Wenn in Labors mit neuen Medikamenten experimentiert wird, sollten sich Laboranten nicht infizieren und schon gar nicht die Ansteckung nach außen transportieren! ◄

In diesem Zusammenhang darf und muss auch einem eindrucksvollen Spruch des verdienstvollen *Gerd Gigerenzer* zumindest teilweise widersprochen werden: *„Wir müssen durch Misslingen lernen, oder es wird uns misslingen zu lernen."* Letztendlich lernen wir doch aus dem *Ge*lingen.

Jedenfalls muss der generellen Feststellung, *gute* Organisationskultur zeichne sich dadurch aus, *dass man Fehler machen dürfe* und Fehler gut und funktional seien, entschieden entgegengetreten werden.

Es ist anzunehmen, dass nicht nur Flugpassagiere und Spitalspatienten dem zustimmen werden.

PS. Noch ein Wort zu **verheimlichen oder offenlegen:** Ein Fehler, der bloß auf persönliches Unvermögen oder auf höchstpersönliche Fahrlässigkeit zurückzuführen ist und aus dessen Untersuchung und künftiger Vermeidung für Dritte nichts zu gewinnen ist, braucht Dritten gegenüber auch nicht offengelegt zu werden. Selbstverständlich müssen auch hier die oben genannten *4 Schritte* folgen. Verheimlicht dürfen auch solche Fehler nicht werden, schon damit allenfalls deswegen Geschädigte ihre Rechte wahrnehmen können. Inwieweit darüber hinausgehende (vor allem rechtliche) Konsequenzen folgen, ist auch nur bezogen auf den konkreten Fall festzustellen.

Fehler aber, aus deren Ursachen auch Dritte lernen können, solche Fehler in Zukunft zu vermeiden, sind natürlich diesen Dritten unter Beachtung von Datenschutzbestimmungen in geeigneterweise zur Kenntnis zu bringen. In diesen Fällen gehört auch eine angemessene Offenlegung zu professionellem Fehlermanagement.

4.2   Digitale Kommunikation

Die schon in der Einleitung beschriebene besondere Situation: „Schreib-Zeit" im Herbst 2020 und „Ziel-Zeit" im Frühjahr 2021 hat schon an sich unseren Mut zur Prognose herausgefordert. Ein Gipfelpunkt dessen war und ist dieser letzte Artikel dieses Werkes. Sie werden gleich sehen warum.

Das Urteil des EuGH (Europäischer Gerichtshof) vom 16. Juli 2020 C-311/18 untersagt (mit Wirkung der Urteilsveröffentlichung!) den Transfer personenbezogener Daten in die USA nicht nur auf Basis des Privacy Shield, sondern auch auf Basis von Standardvertragsklauseln, außer wenn zusätzliche Maßnahmen getroffen werden, die das gleiche Datenschutzniveau wie in der EU gewährleisten.

In der Folge zitieren wir aus dem österreichischen Magazin Training, Heft 6/2020, 10ff

„… gibt es zwei Möglichkeiten, personenbezogene Daten in die USA zu übermitteln, ohne dabei die Rechte der betroffenen Personen zu verletzen: Verschlüsselung und Einwilligung.

Wenn die Daten ausschließlich verschlüsselt übermittelt werden und die Datenverarbeiter und -empfänger keine Möglichkeit der Entschlüsselung haben, dann ist eine Übermittlung in einen Drittstaat DSGVO-konform. Das Problem daran: Viele der Funktionen der Anbieter stehen dann nicht mehr zur Verfügung […].

Von allen betroffenen Personen für den Datentransfer in einen Drittstaat eine Einwilligung einzuholen, ist nur für ganz kleine Organisationen möglich. Ein gutes Beispiel dafür wären Vorstandsmitglieder eines Vereins, die eine Online-Besprechung durchführen. Diese Vorstände können sich dann auch in einem Zoom-Call treffen, ohne in Probleme mit dem Datenschutz zu geraten, das Einverständnis aller Personen vorausgesetzt. Für größere Organisationen ist das mit der Einwilligung kein gangbarer Weg:

Erstens ist die Einholung einer Einwilligung häufig nicht praktikabel und – im Fall von Beschäftigten oder auch Studierenden – einem Unwirksamkeitsrisiko wegen mangelnder Freiwilligkeit ausgesetzt.

Und zweitens kann sie jederzeit von jeder Person ohne Angabe von Gründen zurückgenommen werden. Dann müsste die Datenanwendung sofort gestoppt werden, zumindest für die Daten dieser Person.

Was die DSGVO betrifft, unterscheiden sich Videokonferenzen nicht von anderen Datenverarbeitungen. Die Daten-Verantwortlichen und Auftragsverarbeiter müssen sicherstellen, dass die personenbezogenen Daten vor dem Zugriff anderer geschützt werden.

[…] bleiben nur wenige Optionen:

1. *Die Daten nicht an amerikanische Dienstleister übertragen.*
2. *Die Daten verschlüsseln.*

3. *Eine gültige Einwilligung aller betroffenen Personen einholen.*
4. *Auf geltendes Recht pfeifen.*

Das Problem mit dem ersten Punkt: Die populärsten Anbieter sind alle amerikanisch: Adobe Connect, Cisco WebEx, Google Meet, Microsoft Teams, Skype, Zoom. In einem Bericht der bereits zitierten Berliner Datenschutz-Beauftragten vom 2. Juli, also noch vor dem EuGH Urteil, werden diese Anbieter von Videokonferenz-Diensten hinsichtlich der Einhaltung der DSGVO bewertet. ... Ergebnis: Keiner positiv.

In dem Artikel werden auch – mit dem Hinweis, dass die Liste nicht vollständig sei – Anbieter genannt, bei denen es keine rechtlichen Probleme gäbe, durchaus aber Probleme technischer oder anderer Natur. Vor allem werden genannt (und die Probleme aufgelistet):

Netways (nws.netways.de/de/apps/jitsi/)
sichere-videokonferenz.de
Tixeo Cloud (www.tixeo.com)
Werk21 (www.werk21.de)
Wire (www.wire.com/de)"

Wir haben im Herbst 2020 – hoffentlich richtig – prognostiziert:

Als erste haben die großen US-Anbieter reagiert und selber und durch ihre europäischen Distributoren jede Menge Zertifikate und Rechtsgutachten vorgelegt, um nachzuweisen, dass ihre Produkte auch die Bedingungen des Urteils des EuGH erfüllen würden.

Große Organisationen und Institutionen aller Art haben in Europa für große Konferenzen sofort begonnen, einerseits ihre Daten dementsprechend zu verschlüsseln und andererseits entsprechende europäische Anbieter zu beauftragen. Kleinere Organisationen haben hauptsächlich darauf gesetzt, die Einwilligung der Konferenzteilnehmer einzuholen.

Die Anzahl der Organisationen, welche der obgenannten vierten Option folgten, dürfte auch nicht klein gewesen sein, blieb aber verständlicherweise im Bereich der Dunkelziffern. Die Anzahl von Konferenzen mittels digitaler Instrumente ist jedenfalls nicht signifikant zurückgegangen.

Das ist vielleicht alles in allem der Tatsache geschuldet, dass damit die Kommunikation von Mitarbeitern von Organisationen aller Art in eine rechtlich äußerst prekäre und praktisch nicht durchführbare Situation gekommen war – und bei „zeitnaher" (das seltsame Modewort lautet) strenger Rechtsverfolgung gekommen wäre: Dass nämlich Kommunikation *weder* in Präsenzform *noch* über digitale Medien zulässig gewesen wäre. Eine absurde Kommunikationssituation, deren Über-Drüber-Absurdität darin bestanden hätte, sie gar nicht entsprechend kommunizieren zu können.

Gäbe es eine weltweite Amygdala, könnte man sagen, sie hätte in dieser Notsituation auf „Erstarren" geschaltet.

Was Sie aus diesem *essentials* mitnehmen können

- *Arbeitsteams sind* **keine** *Selbsterfahrungs- oder Trainingsgruppen!*
  Daher sind die für Teams, nicht für andere Gruppenformen, *passenden* Methoden und Instrumente in diesem Buch beschrieben.
- *Corona ändert grundsätzlich nichts daran, dass* **Social Skills nur im Präsenzformat** *vermittelt werden können!*
  Daher sind für digitale Medien STOP- und GO- und &-Vermerke gesetzt.
- *Verlass ist auf Praxiserfahrung statt auf graue Theorie!*
  Daher werden Sie die Auswahl haben aus mehr *als einhundert praxiserprobten Methoden und Instrumenten* der Teamentwicklung – auch unter Bezug auf das Grundlagenwerk *„Wir sind Team, Springer 2019."*
- Achten Sie daher auch auf die folgende Liste unserer *TIPPS!*

© Der/die Herausgeber bzw. der/die Autor(en), exklusiv lizenziert durch Springer Fachmedien Wiesbaden GmbH, ein Teil von Springer Nature 2021
R. N. Harramach et al., *Noch immer Team*, essentials,
https://doi.org/10.1007/978-3-658-33399-7

Tipp-Verzeichnis

© Der/die Herausgeber bzw. der/die Autor(en), exklusiv lizenziert durch   61
Springer Fachmedien Wiesbaden GmbH, ein Teil von Springer Nature 2021
R. N. Harramach et al., *Noch immer Team,* essentials,
https://doi.org/10.1007/978-3-658-33399-7

Quellen

Ashby, R. W. (1956). *An introduction to Cybernetics.* New York: Wiley.

Dörner, D. (1989). *Die Logik des Mißlingens.* Hamburg: Rowohlt.

Ettl, C., Harramach, N., & Hirnschal, E. (2018). Unternehmenskultur wahrnehmen – gestalten – evaluieren: ein Trialog. In J. Herget, & H. Strobl, *Unternehmenskultur in der Praxis* (S. 61–72). Wiesbaden: Springer.

Gigerenzer, G. (2013). *Risiko, Wie man die richtigen Entscheidungen trifft.* München: Bertelsmann.

Harramach, N. (1995). *Trainings-Erfolgs-Kontrolle.* München: Verlag Neuer Merkur.

Harramach, N., & Prazak, R. (2014). *Management absurd.* Wiesbaden: Springer.

Harramach, N., & Velickovic, N. (2018). *Kein Coaching ohne Evaluation der Ergebnisse.* In Wegener, R. *Wirkung, Qualität und Evaluation im Coaching.* Wiesbaden: Springer.

Harramach, N., Köttritsch, M., & Veličković, N. (2018). *Wir sind Team, Ein neuer Blick auf Teamentwicklung.* Heidelberg: Springer.

Horx, M. (2011). *Das Megatrend Prinzip. Wie die Welt von morgen entsteht.* München: DVA.

Ostermann, G. (28. Mai 2020). Mega-Bildungsstiftung: Was vom Homeschooling bleiben sollte. *derStandard.at.*

Pöchacker, (25. April 2020). Businessgedicht. *DiePresse.com.*

Spiekermann, S. (2019). *Digitale Ethik, Ein Wertesystem für das 21. Jahrhundert.* München: Droemer.

Watzlawick, P. (1967). *Pragmatics of Human Communication.* New York: W.W.Norton.

Winter, G. (06 2020). Europa, wir haben ein Problem. *TRAINING,* S. 10–15.

Personensverzeichnis

Stichwortverzeichnis

Niki Harramach · Michael Köttritsch
Nina Veličković

Wir sind Team

Ein neuer Blick
auf Teamentwicklung

Springer

Printed in the United States
by Baker & Taylor Publisher Services